ÉDITORIAL

AOÛT 2024

Les saintes étoiles

Le mois d'août devrait se révéler ordinaire dans le temps liturgique. Pourtant que ne laisse-t-il entrevoir de beauté et d'émerveillement spirituels au cœur de l'été ! Chaque jour est non seulement éclairé par la méditation de la parole de Dieu, mais aussi par la lumineuse présence d'une grande figure de l'Église. Une multitude de saints sont fêtés au mois d'août. Il est impressionnant de voir réunie en un seul mois une telle assemblée, comparable à une pluie de saintes étoiles. Elles brillent dans le ciel de Dieu et dans le cœur des hommes. Ces figures inspirantes – Dominique, Thérèse-Bénédicte, Maximilien-Marie, Bernard, Louis, Monique, Augustin… – entourent la plus grande parmi elles : la Vierge Marie célébrée en son Assomption, « une Femme, ayant le soleil pour manteau, la lune sous les pieds et, sur la tête, une couronne de douze étoiles » (Ap 12, 1). Quand nous prions par leur intercession, leur reflet peut briller en nous et leur exemple nous inspire pour témoigner du Christ, lui qui illumine le monde par sa présence. ■

Une multitude de saints sont fêtés au mois d'août.

LES UNIVERSITÉS ET INSTITUTS CATHOLIQUES

Transmettre aux universités catholiques

Depuis 150 ans existent à Angers, Lille, Lyon, Paris et Toulouse les Instituts et Universités catholiques. 70 000 étudiants y reçoivent un enseignement d'excellence fondé sur l'humanisme chrétien et la recherche du bien commun.

Les cinq Instituts et Universités catholiques proposent une formation intégrale de l'étudiant. La transmission du savoir est complétée par une vie de campus de qualité favorisant l'engagement dans des projets associatifs et solidaires. Chaque étudiant est accompagné individuellement pour devenir un adulte libre, complet et responsable. Nous formons les acteurs de la société de demain éveillés à l'éthique et au bien commun. Pour que cette formation unique en France puisse être dispensée au plus grand nombre et perdurer, cela demande la mise en place de projets ambitieux. Ces dernières années, de nouveaux campus ont ouvert en région (Reims, Rouen, Brest, Niort, Annecy, Bordeaux...) apportant une réelle dynamique locale. Des parcours de formation innovants ont

été créés pour répondre aux besoins des territoires, aux enjeux contemporains et pour former des citoyens dans un monde de plus en plus complexe (Master philo-management, formation au discernement éthique etc.). L'accueil des étudiants en situation de handicap et boursiers reste une priorité. Ces universités catholiques ont aussi une mission de formation des prêtres, religieux et laïcs au service de la vie de l'Église. Enfin, elles ont à cœur de restaurer le patrimoine de leur site : chapelles, bibliothèques, observatoires... Bâties sur un modèle associatif à but non lucratif, les universités catholiques doivent leur déploiement aux dons et aux legs. Bruno témoigne « *Je suis fier d'accompagner par mon legs, non seulement les étudiants dans leur formation et leur réussite, mais aussi la Catho et son patrimoine historique auquel je suis attaché.* » Par votre legs, construisez l'avenir des universités catholiques et, comme Bruno, participez à leur développement pour les 150 prochaines années !

Annonce

Pour nous joindre : par **courrier :** Service des legs des Universités et Instituts catholiques (Udesca) 21 rue d'Assas, 75006 Paris ou par **internet** rendez-vous sur : **https://transmettre.info** pour en savoir plus et connaître l'interlocuteur de votre région.

Prier avec le Saint-Père

Intention universelle du mois d'août 2024

Prions pour que les dirigeants politiques
soient au service de leur peuple ;
qu'ils œuvrent en faveur du développement
humain intégral et du bien commun,
tout en se souciant de ceux qui ont perdu
leur emploi et en donnant la priorité
aux plus pauvres.

Pour vous aider à prier :
www.prieraucoeurdumonde.net

SAINTS ET SAINTES DU MOIS D'AOÛT 2024

Xavier Lecœur, journaliste et historien

Chaque jour, l'Église fête plusieurs saints et bienheureux : ceux du calendrier romain, ceux des calendriers diocésains et ceux du calendrier des Églises orientales. Tous les mois, Prions en Église *vous propose d'en découvrir quelques-uns.*

1er août
St Alphonse-Marie de Liguori
(1696-1787)
Fondateur de la congrégation des Rédemptoristes et auteur de nombreux ouvrages dans lesquels il insiste sur l'importance de la prière. Docteur de l'Église.

2 août
St Pierre-Julien Eymard
(1811-1868)
« Heureuse l'âme qui sait trouver Jésus en l'eucharistie, et en l'eucharistie toutes choses », affirmait ce prêtre isérois, fondateur de la congrégation du Saint-Sacrement. Canonisé en 1962.

3 août
St Pierre d'Anagni
(vers 1033-1105)
D'origine princière, il délaissa la vie de cour pour entrer chez les Bénédictins de Salerne. Le pape Grégoire VII, qui l'estimait beaucoup, le nomma évêque d'Anagni, près de Rome.

4 août
Bx Frédéric Janssoone
(1838-1916)
Les œuvres de Terre sainte furent au cœur de l'apostolat que ce franciscain nordiste exerça en France, en Palestine et au Canada. Béatifié en 1988.

5 août
Bx Pierre-Michel Noël
(1754-1794)
Ce prêtre normand, du diocèse de Rouen, fut l'un des 64 martyrs des pontons de Rochefort (17), béatifiés par saint Jean-Paul II en 1995.

6 août
Ste Marie-Françoise Rubatto
(lire la rubrique « La sainte du mois » page 42)

7 août
St Gaétan de Thiene
(vers 1480-1547)
Il y a 500 ans, en 1524, ce Vénitien fondait le premier institut de clercs réguliers (les Théatins), des prêtres obéissant à une règle religieuse tout en restant dans le monde.

8 août
Ste Mary MacKillop
(1842-1909)
« Ne jamais voir un besoin sans chercher à y répondre ! » Telle était la devise de l'intrépide fondatrice des Sœurs Joséphites, vouées à l'éducation des pauvres. Première sainte australienne, canonisée en 2010.

9 août
Ste Edith Stein
(1891-1942)
Il y a vingt-cinq ans, en 1999, cette philosophe et carmélite d'origine juive, morte à Auschwitz, était proclamée copatronne de l'Europe, avec sainte Catherine de Sienne et sainte Brigitte de Suède.

10 août
St Hugues de Montaigu
(XIe-XIIe siècles)
Moine, abbé puis évêque d'Auxerre, il favorisa les ordres religieux et fut l'ami des Cisterciens. On vantait sa douceur, son humilité et son esprit pacifique.

11 août
Ste Claire d'Assise
(1193-1253)
« Sois béni, Seigneur, de m'avoir créée ! » : tels furent les derniers mots de « la petite plante de saint François », fondatrice des Pauvres Dames (Clarisses).

12 août
Bx Innocent XI
(1611-1689)
Pieux, honnête et charitable, ce défenseur inflexible des droits de l'Église est considéré comme le plus grand pape du XVIIe siècle.

13 août
St Jean Berchmans
(1599-1621)
Jésuite flamand qui, durant sa courte vie, marqua les cœurs et les esprits par sa piété, sa charité et sa gaieté. Canonisé en 1888.

14 août
St Maximilien Kolbe
(1894-1941)
« L'amour doit être l'unique ressort de notre existence », affirmait ce père franciscain polonais qui,

à Auschwitz, donna sa vie pour sauver celle d'un autre déporté.

15 août
Assomption de la Vierge Marie

16 août
St Roch
(vers 1327-1380)
Né à Montpellier, il se dévoua pour les malades atteints de la peste noire.

17 août
Bx Nicolas Politi
(1117-1167)
Ermite sicilien qui vécut dans une grotte pendant 30 ans. Il se rendait une fois par semaine dans le monastère voisin pour assister à la messe.

18 août
Ste Hélène
(vers 250-vers 329)
Mère de l'empereur Constantin. Selon saint Ambroise, elle aurait découvert la croix du Christ à Jérusalem, sur le mont des Oliviers.

19 août
Bx Guerric
(vers 1080-1157)
Cet abbé du monastère cistercien de Notre-Dame d'Igny (51) a laissé une cinquantaine de sermons, marqués par une forte spiritualité mariale.

20 août
St Bernard
(1090-1153)
« Séparée de la charité, la foi est morte », soulignait cette grande figure chrétienne du Moyen Âge, fondateur de la célèbre abbaye cistercienne de Clairvaux (Aube). Docteur de l'Église.

21 août
St Pie X
(1835-1914)
Élu pape en 1903, il incita les catholiques à communier plus souvent, voyant dans l'eucharistie « un remède à la fragilité humaine ». Canonisé en 1954.

22 août
St Sigfried
(VIIe siècle)
Moine bénédictin, doux et érudit. À la fin de sa vie, il fut nommé, par saint Benoît Biscop, abbé du monastère anglais Saint-Pierre de Wearmouth.

23 août
Ste Rose de Lima
(1586-1617)
Cette Péruvienne, devenue tertiaire dominicaine, mena une existence marquée par l'ascèse, la prière et la charité. Première sainte des Amériques, canonisée en 1671.

24 août
Ste Émilie de Vialar
(1797-1856)
« Dieu est présent partout ; Jésus

Christ, Dieu et homme, est dans votre maison », rappelait la fondatrice de la congrégation missionnaire des Sœurs de Saint-Joseph de l'Apparition. Canonisée en 1951.

25 août
St Joseph de Calasanz
(1556-1648)
Venu à Rome, ce prêtre espagnol y fonda la congrégation des Clercs réguliers des écoles pies (ou Piaristes) pour l'éducation des enfants pauvres. Il eut à subir beaucoup de tribulations.

26 août
Ste Thérèse Jornet
(1843-1897)
Il y a cinquante ans, en 1974, le pape saint Paul VI canonisait cette Catalane, fondatrice en 1872 de la congrégation des Petites Sœurs des personnes âgées abandonnées.

27 août
Bx Dominique Barberi
(1792-1849)
Religieux passioniste italien. Il exerça son apostolat notamment en Angleterre et reçut le futur saint John Henry Newman dans l'Église romaine. Béatifié en 1963.

28 août
St Augustin d'Hippone
(354-430)
« Les péchés sont les ténèbres des âmes », affirmait le célèbre évêque d'Hippone (actuelle Annaba, Algérie), auteur des *Confessions*, de *La Cité de Dieu* et de nombreux sermons. Docteur de l'Église.

29 août
Martyre de saint Jean Baptiste
(Ier siècle)

30 août
St Pammaque
(vers 340-410)
À la mort de son épouse, ce sénateur transforma son palais en un monastère. Selon saint Jérôme, il était « le plus chrétien des nobles Romains, et le plus noble des chrétiens ».

31 août
St Raymond Nonnat
(vers 1204-1240)
Il fut, après saint Pierre Nolasque, le deuxième maître général de l'ordre de Notre-Dame de la Merci, dédié au rachat des chrétiens prisonniers des Maures. Il s'offrit lui-même en otage.

Prions avec les textes de la messe

DU 1ER AU 31 AOÛT 2024

Dimanche 4 août, *18e dimanche du temps ordinaire* . . . . *p. 27*

Dimanche 11 août, *19e dimanche du temps ordinaire* . . . . *p. 74*

Jeudi 15 août, *Assomption de la Vierge Marie* . . . . *p. 106*

Dimanche 18 août, *20e dimanche du temps ordinaire* . . . . . . *p. 130*

Dimanche 25 août, *21e dimanche du temps ordinaire* . . . . . . *p. 179*

Partagez vos intentions de prière

....

....

....

....

....

....

....

....

....

Envoyez vos intentions de prière à :
Prions en Église, Intentions de prière, 18 rue Barbès, 92128 Montrouge Cedex.
Elles seront portées par les pèlerins qui partiront sur le chemin de Saint-Jacques-de-Compostelle du 16 au 23 septembre 2024.

JEUDI 1ER AOÛT 2024

17E SEMAINE DU TEMPS ORDINAIRE COULEUR LITURGIQUE : BLANC

Saint Alphonse-Marie de Liguori

1696-1787. Ancien avocat devenu prêtre, il fonda la congrégation des Rédemptoristes pour l'évangélisation des campagnes. Théologien moraliste et maître de vie spirituelle.

Antienne d'ouverture

Je m'occuperai de mes brebis, je veillerai sur elles, dit le Seigneur, je susciterai à leur tête un seul berger. Moi, le Seigneur, je serai leur Dieu. (cf. Ez 34, 11.23-24)

OU

Voici l'intendant fidèle et avisé que le maître a établi sur sa maison, pour donner à chacun, en temps voulu, sa part de blé. (cf. Lc 12, 42)

Prière

Seigneur Dieu, toi qui toujours suscites en ton Église de nouveaux exemples de vertu, fais-nous marcher avec ardeur pour le salut des âmes sur les traces de l'évêque saint Alphonse-Marie de Liguori, afin que nous obtenions comme lui la récompense du ciel. Par Jésus… ***— Amen.***

Lecture

du livre du prophète Jérémie (18, 1-6)

« Comme l'argile est dans la main du potier, ainsi êtes-vous dans ma main »

Parole du Seigneur adressée à Jérémie : « Lève-toi, descends à la maison du potier ; là, je te ferai entendre mes paroles. » Je descendis donc à la maison du potier. Il était en train de travailler sur son tour. Le

vase qu'il façonnait de sa main avec l'argile fut manqué. Alors il recommença, et il fit un autre vase, selon ce qu'il est bon de faire, aux yeux d'un potier. Alors la parole du Seigneur me fut adressée : « Maison d'Israël, est-ce que je ne pourrais pas vous traiter comme fait ce potier ? – oracle du Seigneur. Oui, comme l'argile est dans la main du potier, ainsi êtes-vous dans ma main, maison d'Israël ! »
– Parole du Seigneur.

Psaume 145 (146)

℟ ***Heureux qui s'appuie sur le Dieu de Jacob.***
OU ***Alléluia !***

Chante, ô mon âme, la louange du Seigneur !
Je veux louer le Seigneur tant que je vis,
chanter mes hymnes
pour mon Dieu tant que je dure. ℟

Ne comptez pas sur les puissants,
des fils d'homme qui ne peuvent sauver !
Leur souffle s'en va : ils retournent à la terre ;
et ce jour-là, périssent leurs projets. ℟

Heureux qui s'appuie sur le Dieu de Jacob,
qui met son espoir
dans le Seigneur son Dieu,
lui qui a fait le ciel et la terre
et la mer et tout ce qu'ils renferment ! ℟

Acclamation de l'Évangile

Alléluia. Alléluia. Seigneur, ouvre notre cœur pour nous rendre attentifs aux paroles de ton Fils. ***Alléluia.***

Évangile de Jésus Christ

selon saint Matthieu (13, 47-53)

« On ramasse dans des paniers ce qui est bon, et on rejette ce qui ne vaut rien »

En ce temps-là, Jésus disait aux foules : « Le royaume des Cieux est encore comparable à un filet que l'on jette dans la mer, et qui ramène toutes sortes de poissons. Quand il est plein, on le tire sur le rivage, on s'assied, on ramasse dans des paniers ce qui est bon, et on rejette ce qui ne vaut rien. Ainsi en sera-t-il à la fin du monde : les anges sortiront pour séparer les méchants du milieu des justes et les jetteront dans la fournaise : là, il y aura des pleurs et des grincements de dents. » « Avez-vous compris tout cela ? » Ils lui répondent : « Oui. » Jésus ajouta : « C'est pourquoi tout scribe devenu disciple du royaume des Cieux est comparable à un maître de maison qui tire de son trésor du neuf et de l'ancien. »

Lorsque Jésus eut terminé ces paraboles, il s'éloigna de là.

Prière sur les offrandes

Dans ta bonté, Seigneur, brûle nos cœurs du feu céleste de l'Esprit, toi qui as donné à saint Alphonse-Marie la grâce de célébrer ces mystères et, par eux, de s'offrir lui-même en sacrifice vivant et saint. Par le Christ, notre Seigneur.

— Amen.

Antienne de la communion

Ce n'est pas vous qui m'avez choisi, dit le Seigneur, c'est moi qui vous ai choisis et établis, afin que vous alliez, que vous portiez du fruit, et que votre fruit demeure. (cf. Jn 15, 16)

OU

Heureux ce serviteur que le maître,
quand il arrivera et frappera
à la porte, trouvera en train de veiller.
(cf. Lc 12, 36-37)

Prière après la communion

Seigneur Dieu, tu as fait de saint Alphonse-Marie un intendant fidèle et le prédicateur du grand mystère que nous célébrons ; accorde-nous d'y communier souvent et, par cette communion, de te bénir à jamais. Par le Christ, notre Seigneur. ***— Amen.***

INVITATION

Dieu est le potier qui, sans jamais se lasser, nous façonne tout au long de notre existence. Aujourd'hui, je lui redis mon désir de me laisser façonner par sa volonté.

COMMENTAIRE

Surpêche

Matthieu 13, 47-53

Aujourd'hui, le Royaume est comparé à un filet jeté à la mer. On ne sait pas ce qu'il va rapporter. Tous les poissons sont ramenés dans leur diversité. Le Royaume n'est pas une pêche d'excellence mais un rassemblement de tous, sans exclusion, devant Dieu. Et le jugement, le tri dont il est question, se vit dès aujourd'hui quand le disciple est capable de tirer de la Parole reçue de quoi renouveler sa vie. ■

Colette Hamza, *xavière*

VENDREDI 2 AOÛT 2024

17E SEMAINE DU TEMPS ORDINAIRE COULEUR LITURGIQUE : VERT

Temps ordinaire, *suggestion d'oraisons et d'antiennes n° 30*
ou **saint Eusèbe de Verceil**
ou **saint Pierre-Julien Eymard**

Antienne d'ouverture

Joie pour les cœurs qui cherchent Dieu. Cherchez le Seigneur, et vous serez affermis, recherchez sans trêve sa face. (cf. Ps 104, 3-4)

Prière

Dieu éternel et tout-puissant, augmente en nous la foi, l'espérance et la charité ; et pour que nous puissions obtenir ce que tu promets, fais-nous aimer ce que tu commandes. Par Jésus… ***— Amen.***

Lecture

du livre du prophète Jérémie (26, 1-9)

« Tout le peuple se rassembla autour de Jérémie dans la maison du Seigneur »

Au début du règne de Joakim, fils de Josias, roi de Juda, il y eut cette parole venant du Seigneur : « Ainsi parle le Seigneur : Tiens-toi dans la cour de la maison du Seigneur. Aux gens de toutes les villes de Juda qui viennent se prosterner dans la maison du Seigneur, tu diras toutes les paroles que je t'ai ordonné de leur dire ; n'en retranche pas un mot. Peut-être écouteront-ils, et reviendront-ils chacun de son mauvais chemin ? Alors je renoncerai au mal que je projette de leur faire à cause de la malice de leurs actes. Tu leur diras donc : Ainsi parle le

Seigneur : Si vous ne m'écoutez pas, si vous ne marchez pas selon ma Loi, celle que j'ai mise sous vos yeux, si vous n'écoutez pas les paroles de mes serviteurs les prophètes, que je vous envoie inlassablement, et que vous n'avez pas écoutés, je traiterai cette Maison comme celle de Silo, et ferai de cette ville un exemple de malédiction pour toutes les nations de la terre. » Les prêtres, les prophètes et tout le peuple entendirent Jérémie proclamer ces paroles dans la maison du Seigneur. Et quand Jérémie eut fini de dire à tout le peuple tout ce que le Seigneur lui avait ordonné de dire, les prêtres, les prophètes et tout le peuple se saisirent de lui en disant : « Tu vas mourir ! Pourquoi prophétises-tu, au nom du Seigneur, que cette Maison deviendra comme celle de Silo, que cette ville sera dévastée et vidée de ses habitants ? » Et tout le peuple se rassembla autour de Jérémie dans la maison du Seigneur.

– Parole du Seigneur.

Psaume 68 (69)

℟ ***Dans ton grand amour, Dieu, réponds-moi.***

Sauve-moi, mon Dieu :
les eaux montent jusqu'à ma gorge !
Plus abondants que les cheveux de ma tête,
ceux qui m'en veulent sans raison. ℟

Ils sont nombreux, mes détracteurs,
à me haïr injustement.
C'est pour toi que j'endure l'insulte,
que la honte me couvre le visage. ℟

Je suis un étranger pour mes frères,
un inconnu pour les fils de ma mère.
L'amour de ta maison m'a perdu ;
on t'insulte, et l'insulte retombe sur moi. ℟

Et moi, je te prie, Seigneur :
c'est l'heure de ta grâce ;
dans ton grand amour, Dieu, réponds-moi,
par ta vérité sauve-moi. ℟

Acclamation de l'Évangile

Alléluia. Alléluia. La parole du Seigneur demeure pour toujours ; c'est la Bonne Nouvelle qui vous a été annoncée. ***Alléluia.***

Évangile de Jésus Christ

selon saint Matthieu (13, 54-58)

« N'est-il pas le fils du charpentier ? Alors, d'où lui vient tout cela ? »

En ce temps-là, Jésus se rendit dans son lieu d'origine, et il enseignait les gens dans leur synagogue, de telle manière qu'ils étaient frappés d'étonnement et disaient : « D'où lui viennent cette sagesse et ces miracles ? N'est-il pas le fils du charpentier ? Sa mère ne s'appelle-t-elle pas Marie, et ses frères : Jacques, Joseph, Simon et Jude ? Et ses sœurs ne sont-elles pas toutes chez nous ? Alors, d'où lui vient tout cela ? » Et ils étaient profondément choqués à son sujet. Jésus leur dit : « Un prophète n'est méprisé que dans son pays et dans sa propre maison. » Et il ne fit pas beaucoup de miracles à cet endroit-là, à cause de leur manque de foi.

Prière sur les offrandes

Regarde les présents que nous t'offrons, nous t'en prions, Seigneur, Dieu de majesté : permets que notre célébration soit d'abord tournée vers ta gloire. Par le Christ, notre Seigneur. — ***Amen.***

Antienne de la communion

Nous trouverons la joie en ton salut, et la grandeur dans le nom de notre Dieu. (cf. Ps 19, 6)

OU

Le Christ nous a aimés et s'est livré lui-même pour nous, s'offrant en sacrifice à Dieu, comme un parfum d'agréable odeur. (Ep 5, 2)

Prière après la communion

Que tes sacrements, Seigneur, nous t'en prions, achèvent de produire en nous ce qu'ils contiennent ; puissions-nous saisir dans sa pleine vérité ce que notre célébration préfigure aujourd'hui. Par le Christ, notre Seigneur.

— Amen.

INVITATION

On fête saint Pierre-Julien Eymard, fondateur de la congrégation du Saint-Sacrement. Nous sommes en semaine, mais si j'allais communier aujourd'hui ?

COMMENTAIRE

De la méprise au mépris Matthieu 13, 54-58

« Nul n'est prophète en son pays », un dicton connu. Pour Jésus, un prophète est même méprisé chez les siens. Car il dit une vérité qui ne plaît pas toujours, sachant qui il est et sur qui il fonde sa parole. S'il est méprisé, c'est qu'il y a méprise sur son identité. Jésus est ce qu'on dit de lui, mais il est plus que cela, par cette filiation à laquelle il nous appelle comme fils et filles de Dieu. ■

***Colette Hamza**, xavière*

SAMEDI 3 AOÛT 2024

17E SEMAINE DU TEMPS ORDINAIRE COULEUR LITURGIQUE : VERT

Temps ordinaire, *suggestion d'oraisons et d'antiennes n° 31*
ou **bienheureuse Vierge Marie,** *voir p. 26*

Antienne d'ouverture

Ne m'abandonne jamais, Seigneur, mon Dieu, ne sois pas loin de moi. Viens vite à mon aide, Seigneur, force de mon salut ! (cf. Ps 37, 22-23)

Prière

Dieu de puissance et de miséricorde, c'est ta grâce qui donne à tes fidèles de pouvoir dignement te servir ; nous t'en prions : accorde-nous de courir sans que rien nous arrête vers les biens que tu promets. Par Jésus… ***— Amen.***

Lecture

du livre du prophète Jérémie (26, 11-16.24)

« C'est vraiment le Seigneur qui m'a envoyé vers vous proclamer toutes ces paroles »

En ces jours-là, les prêtres et les prophètes dirent aux princes et à tout le peuple : « Cet homme mérite la mort, car il a prophétisé contre cette ville ; vous l'avez entendu de vos oreilles. » À son tour Jérémie s'adressa à tous les princes et à tout le peuple : « C'est le Seigneur qui m'a envoyé prophétiser contre cette Maison et contre cette ville, et dire toutes les paroles que vous avez entendues. Et maintenant, rendez meilleurs vos chemins et vos actes, écoutez la voix du Seigneur votre Dieu ; alors il renoncera au malheur qu'il a proféré contre vous. Quant à

moi, me voici entre vos mains, faites de moi ce qui vous semblera bon et juste. Mais sachez-le bien : si vous me faites mourir, vous allez vous charger d'un sang innocent*, vous-mêmes et cette ville et tous ses habitants. Car c'est vraiment le Seigneur qui m'a envoyé vers vous proclamer toutes ces paroles pour que vous les entendiez. » Alors les princes et tout le peuple dirent aux prêtres et aux prophètes : « Cet homme ne mérite pas la mort, car c'est au nom du Seigneur notre Dieu qu'il nous a parlé. » Comme la protection d'Ahiqam, fils de Shafane, était acquise à Jérémie, il échappa aux mains de ceux qui voulaient le faire mourir. – Parole du Seigneur.

Psaume 68 (69)

℟ ***C'est l'heure de ta grâce, Dieu, réponds-moi.***

Tire-moi de la boue,
sinon je m'enfonce :
que j'échappe à ceux qui me haïssent,
à l'abîme des eaux. ℟

Que les flots ne me submergent pas,
que le gouffre ne m'avale,
que la gueule du puits
ne se ferme pas sur moi. ℟

Et moi, humilié, meurtri,
que ton salut, Dieu, me redresse.
Et je louerai le nom de Dieu par un cantique,
je vais le magnifier, lui rendre grâce. ℟

Les pauvres l'ont vu, ils sont en fête :
« Vie et joie, à vous qui cherchez Dieu ! »
Car le Seigneur écoute les humbles,
il n'oublie pas les siens emprisonnés. ℟

Acclamation de l'Évangile

Alléluia. Alléluia. Heureux ceux qui sont persécutés pour la justice, car le royaume des Cieux est à eux ! ***Alléluia.***

Évangile de Jésus Christ

selon saint Matthieu (14, 1-12)

« Hérode envoya décapiter Jean dans la prison. Les disciples de Jean allèrent l'annoncer à Jésus »

En ce temps-là, Hérode, qui était au pouvoir en Galilée, apprit la renommée de Jésus et dit à ses serviteurs : « Celui-là, c'est Jean le Baptiste, il est ressuscité d'entre les morts, et voilà pourquoi des miracles se réalisent par lui. » Car Hérode avait fait arrêter Jean, l'avait fait enchaîner et mettre en prison. C'était à cause d'Hérodiade, la femme de son frère Philippe. En effet, Jean lui avait dit : « Tu n'as pas le droit de l'avoir pour femme. » Hérode cherchait à le faire mourir, mais il eut peur de la foule qui le tenait pour un prophète. Lorsque arriva l'anniversaire d'Hérode, la fille d'Hérodiade dansa au milieu des convives, et elle plut à Hérode. Alors il s'engagea par serment à lui donner ce qu'elle demanderait. Poussée par sa mère, elle dit : « Donne-moi ici, sur un plat, la tête de Jean le Baptiste. » Le roi fut contrarié ; mais à cause de son serment et des convives, il commanda de la lui donner. Il envoya décapiter Jean dans la prison. La tête de celui-ci fut apportée sur un plat et donnée à la jeune fille, qui l'apporta à sa mère. Les disciples de Jean arrivèrent pour prendre son corps, qu'ils ensevelirent ; puis ils allèrent l'annoncer à Jésus.

Prière sur les offrandes

Seigneur, que ce sacrifice devienne pour toi une offrande pure, et pour nous, le don généreux et saint de ta miséricorde. Par le Christ, notre Seigneur.
— *Amen.*

Antienne de la communion

Tu m'apprends, Seigneur,
le chemin de la vie : devant ta face,
débordement de joie !
(Ps 15, 11)
OU
De même que le Père,
qui est vivant, m'a envoyé,
et que moi je vis par le Père,
de même celui qui me mange,
lui aussi vivra par moi,
dit le Seigneur.
(Jn 6, 57)

Prière après la communion

Nous t'en prions, Seigneur, augmente en nous la force de ton action, afin que, renouvelés par les sacrements du ciel, nous soyons préparés par ta grâce à recevoir les biens qu'ils promettent. Par le Christ, notre Seigneur.
— *Amen.*

INVITATION

Au cœur des Jeux olympiques, je prie pour tous les sportifs qui participent à la compétition et pour tous ceux qui ont rendu cet événement possible.

COMMENTAIRE

Précurseur dans le martyre Matthieu 14, 1-12

De cette histoire d'Hérode, on pourrait ne retenir que le sordide, toujours d'actualité : vol, lâcheté, cruauté, meurtre. Ne regardons que Jean Baptiste, sa tête offerte sur « un plat » à un banquet. Par sa mort, le Précurseur continue d'annoncer « plus grand que lui ». Cette table devient le lieu du don total : le geste destructeur d'Hérode annonce la vie du corps donné en nourriture pour la multitude. ■

***Colette Hamza**, xavière*

❊ CLÉ DE LECTURE

« D'un sang innocent » Jérémie 26, 14 *(p. 22)*

Après Jérémie, la Bible prolonge la figure du prophète persécuté et mis à mort. La fin tragique de Jérémie est suivie par celle du prophète serviteur d'Isaïe, qui meurt en silence devant ceux qui l'ont rejeté (Is 50, 4-9 ; 53, 1-12). À l'époque de Jésus, les légendes se multiplient sur la mort des prophètes, Jean Baptiste et Jésus lui-même seront considérés comme des prophètes assassinés (cf. Lc 24, 19). Or, la foule et les dirigeants ont reconnu que Jérémie était innocent, Hérode Antipas admire en secret Jean Baptiste, et Pilate témoigne de l'innocence de Jésus (Lc 23, 14). À travers l'histoire, le sang des innocents continue aujourd'hui encore à crier vers Dieu. Dieu, cependant, a relevé Jésus d'entre les morts et il a remis son Esprit entre nos mains ! ■

***Roselyne Dupont-Roc**, bibliste*

Bienheureuse Vierge Marie

Couleur liturgique : blanc ou vert

Les samedis du temps ordinaire sans mémoire obligatoire, on peut faire mémoire de la Vierge Marie, selon une tradition qui honore la foi et l'espérance sans défaut de Marie le Samedi saint.

Antienne d'ouverture

Bienheureuse es-tu, Vierge Marie :
tu as porté le Créateur de l'univers,
tu as mis au monde celui qui t'a faite,
et tu demeures toujours vierge.

Prière

Dieu de miséricorde, viens au secours de notre faiblesse : puisque nous faisons mémoire de la sainte Mère de Dieu, fais que, soutenus par son intercession, nous soyons relevés de nos péchés. Par Jésus Christ… **— *Amen.***

OU

Que vienne à notre aide, Seigneur, nous t'en prions, l'admirable intercession de la bienheureuse Marie toujours vierge ; qu'elle nous obtienne la joie de vivre dans la paix que tu nous donnes, délivrés de tout péril. Par Jésus Christ… **— *Amen.***

Prière sur les offrandes

En rendant hommage à la Mère de ton Fils, Seigneur, nous te supplions : que le sacrifice offert en ce jour fasse de nous, par le don de ta grâce, une éternelle offrande à ta gloire. Par le Christ, notre Seigneur. **— *Amen.***

Préface de la Vierge Marie, p. 234.

Antienne de la communion

Le Puissant fit pour moi des
merveilles ; Saint est son nom. (Lc 1, 49)

Prière après la communion

Tu nous as fait participer à la rédemption éternelle, et nous te prions, Seigneur : alors que nous faisons mémoire de la Mère de ton Fils, comble-nous de la plénitude de ta grâce, et fais-nous éprouver toujours davantage les effets du salut. Par le Christ, notre Seigneur. **— *Amen.***

DIMANCHE 4 AOÛT 2024

18E DIMANCHE DU TEMPS ORDINAIRE

ANNÉE B – COULEUR LITURGIQUE : VERT

© Catherine Chion

Qu'attendons-nous de Dieu ? Qu'il soit un Dieu obéissant à nos demandes, à nos caprices ? Au contraire, Jésus Christ est venu nous révéler un Dieu différent, un Dieu tout autre. Il connaît mieux que nous nos attentes et pourvoit fidèlement à nos vrais besoins. Faisons-lui vraiment confiance et, du fond de notre cœur, ayons le désir d'être comblés de sa grâce.

RITES INITIAUX

Chant d'entrée *(Suggestions p. 258)*
OU
Antienne d'ouverture
Dieu, viens à mon aide, Seigneur,
viens vite à mon secours.
Tu es mon secours, mon libérateur,
Seigneur, ne tarde pas ! (cf. Ps 69, 2.6)

Suggestion de préparation pénitentielle *(ou p. 226)*
Frères et sœurs venus partager la Parole et le pain de la vie, reconnaissons nos faiblesses et nos désirs mauvais. Demandons pardon au Seigneur pour tous nos péchés.

Seigneur Jésus, Parole éternelle du Père, tu viens illuminer les ténèbres de nos cœurs, prends pitié. Seigneur, prends pitié de nous.
— Seigneur, prends pitié.
Ô Christ, Verbe fait chair de notre chair, tu veux nous donner part à ta divinité, prends pitié. Ô Christ, prends pitié de nous.
— Ô Christ, prends pitié.
Seigneur, élevé dans la gloire, tu répands en nos cœurs l'eau vive de l'Esprit, prends pitié. Seigneur, prends pitié de nous.
— Seigneur, prends pitié.

(D'après le Kyrie de la Messe de la Trinité.)

Que Dieu tout-puissant nous fasse miséricorde ; qu'il nous pardonne nos péchés et nous conduise à la vie éternelle. ***— Amen.***

Gloire à Dieu *(p. 228)*

Prière

Sois proche, Seigneur, de ceux qui te servent et montre à ceux qui t'implorent ton éternelle bonté ; c'est leur fierté d'avoir en toi leur Créateur et leur Guide : restaure pour eux ta création, et l'ayant renouvelée, protège-la. Par Jésus… ***— Amen.***

LITURGIE DE LA PAROLE

Lecture du livre de l'Exode (16, 2-4.12-15)

« Du ciel, je vais faire pleuvoir du pain pour vous »

En ces jours-là, dans le désert, toute la communauté des fils d'Israël récriminait contre Moïse et son frère Aaron. Les fils d'Israël leur dirent : « Ah ! Il aurait mieux valu mourir de la main du Seigneur, au pays d'Égypte, quand nous étions assis près des marmites de viande, quand nous mangions du pain à satiété ! Vous nous avez fait sortir dans ce désert pour faire mourir de faim tout ce peuple assemblé ! » Le Seigneur dit à Moïse : « Voici que, du ciel, je vais faire pleuvoir du pain pour vous. Le peuple sortira pour recueillir chaque jour sa ration quotidienne, et ainsi je vais le mettre à l'épreuve : je verrai s'il

marchera, ou non, selon ma loi. J'ai entendu les récriminations des fils d'Israël. Tu leur diras : "Au coucher du soleil, vous mangerez de la viande et, le lendemain matin, vous aurez du pain à satiété. Alors vous saurez que moi, le Seigneur, je suis votre Dieu." » Le soir même, surgit un vol de cailles qui recouvrirent le camp ; et, le lendemain matin, il y avait une couche de rosée autour du camp. Lorsque la couche de rosée s'évapora, il y avait, à la surface du désert, une fine croûte, quelque chose de fin comme du givre, sur le sol. Quand ils virent cela, les fils d'Israël se dirent l'un à l'autre : « *Mann hou ?* » (ce qui veut dire : Qu'est-ce que c'est ?), car ils ne savaient pas ce que c'était. Moïse leur dit : « C'est le pain que le Seigneur vous donne à manger. » – Parole du Seigneur.

Psaume 77 (78)

℟ Le Seigneur donne le pain du ciel !

T. : AELF ; M. : M. Wackenheim ; Éd. : ADF.

Retrouvez
ce psaume sur le CD
"Les psaumes
de l'année B"

Nous avons entendu et nous savons
ce que nos pères nous ont raconté ;
nous redirons à l'âge qui vient
les titres de gloire du Seigneur. ℟

Il commande aux nuées là-haut,
il ouvre les écluses du ciel :
pour les nourrir il fait pleuvoir la manne,
il leur donne le froment du ciel. ℟

Chacun se nourrit du pain des Forts,
il les pourvoit de vivres à satiété.
Tel un berger, il conduit son peuple.
Il le fait entrer dans son domaine sacré. ℟

Lecture de la lettre de saint Paul apôtre aux Éphésiens (4, 17.20-24)

« Revêtez-vous de l'homme nouveau, créé selon Dieu »

Frères, je vous le dis, j'en témoigne dans le Seigneur : vous ne devez plus vous conduire comme les païens qui se laissent guider par le néant de leur pensée. Mais vous, ce n'est pas ainsi que l'on vous a appris à connaître le Christ, si du moins l'annonce et l'enseignement que vous avez reçus à son sujet s'accordent à la vérité qui est en Jésus. Il s'agit de vous défaire de votre conduite d'autrefois, c'est-à-dire de l'homme ancien corrompu par les

convoitises qui l'entraînent dans l'erreur. Laissez-vous renouveler par la transformation spirituelle de votre pensée. Revêtez-vous de l'homme nouveau, créé, selon Dieu, dans la justice et la sainteté conformes à la vérité.
– Parole du Seigneur.

Acclamation de l'Évangile

Alléluia. Alléluia. L'homme ne vit pas seulement de pain, mais de toute parole qui sort de la bouche de Dieu. ***Alléluia.***

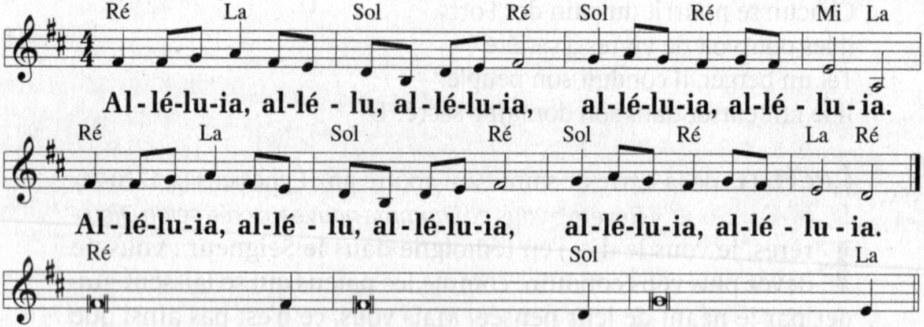

U25; T. : P. Damon; M. : folklore anglais; arrangements : P. Damon; Levain.
Psalmodie : M. : M. Wackenheim; Bayard Liturgie.

Évangile de Jésus Christ selon saint Jean (6, 24-35)

« Celui qui vient à moi n'aura jamais faim,
celui qui croit en moi n'aura jamais soif »

En ce temps-là, quand la foule vit que Jésus n'était pas là, ni ses disciples, les gens montèrent dans les barques et se dirigèrent vers Capharnaüm à la recherche de Jésus. L'ayant trouvé sur l'autre rive, ils lui dirent : « Rabbi, quand es-tu arrivé ici ? » Jésus leur répondit : « Amen, amen, je vous le dis : vous me cherchez, non parce que vous avez vu des signes, mais parce que vous avez mangé de ces pains et que vous avez été rassasiés. Travaillez non pas pour la nourriture qui se perd, mais pour la nourriture qui demeure jusque dans la vie éternelle, celle que vous donnera le Fils de l'homme, lui que Dieu, le Père, a marqué de son sceau. » Ils lui dirent alors : « Que devons-nous faire pour travailler aux œuvres de Dieu ? » Jésus leur répondit : « L'œuvre de Dieu, c'est que vous croyiez en celui qu'il a envoyé. » Ils lui dirent alors : « Quel signe vas-tu accomplir pour que nous puissions le voir, et te croire ? Quelle œuvre vas-tu faire ? Au désert, nos pères ont mangé la manne ; comme dit l'Écriture : *Il leur a donné à manger le pain venu du ciel.* » Jésus leur répondit : « Amen, amen, je vous le dis : ce n'est pas Moïse qui vous a donné le pain venu du ciel ; c'est mon Père qui vous donne le vrai pain venu du ciel. Car le pain de Dieu, c'est celui qui descend du ciel et qui donne la vie au monde. » Ils lui dirent alors : « Seigneur, donne-nous toujours de ce pain-là. »

Jésus leur répondit : « Moi, je suis le pain de la vie. Celui qui vient à moi n'aura jamais faim ; celui qui croit en moi n'aura jamais soif. »

Homélie

Profession de foi (p. 229)

Suggestion de prière universelle

Le prêtre :

Aujourd'hui encore, le Seigneur fait pleuvoir la manne de son amour sur tous les hommes. Prions Dieu notre Père pour tous les habitants du monde, spécialement pour ceux qui se ferment à ses dons.

℟ ***Notre Père et notre Dieu, nous te prions.***

Y 55-231-12, ADF © Studio SM ; T. : et M. : M. Scouarnec.

Le diacre ou un lecteur :

À l'Église, chargée de partager ta parole et ton pain de vie, accorde, Seigneur, force et persévérance. Qu'elle porte à tous les hommes ton message de joie, nous t'en prions. ℟

Aux dirigeants politiques, donne, Seigneur, l'esprit de service et le sens du bien commun. Qu'ils donnent priorité aux plus pauvres. Avec le Saint-Père, nous t'en prions. ℟

Aux malades, aux exclus de notre société, donne, Seigneur, le secours de ta parole. Que des témoins de ta bonté leur disent ta consolation, nous t'en prions. ℟

Aux victimes de la faim, fais connaître, Seigneur, une vie conforme aux desseins de ton amour. Que notre charité produise des fruits de partage et de générosité, nous t'en prions. ℟

(Ces intentions seront adaptées ou modifiées selon les circonstances.)

Le prêtre :

Dieu notre Père, entends nos prières et celles que nous portons dans notre cœur. Par le Christ, notre Seigneur. – ***Amen.***

LITURGIE EUCHARISTIQUE

Prière sur les offrandes

Dans ta bonté, sanctifie ces dons, nous t'en prions, Seigneur ; accepte le sacrifice spirituel que nous t'offrons, et fais de nous-mêmes une éternelle offrande pour toi. Par le Christ, notre Seigneur. – ***Amen.***

Prière eucharistique *(Préface des dimanches, p. 232)*

Chant de communion *(Suggestions p. 258)*

OU

Antienne de la communion

Tu nous as donné, Seigneur, le pain venu du ciel,
pain aux multiples saveurs qui comble tous les goûts.
(Sg 16, 20)

OU

Je suis le pain de la vie, dit le Seigneur,
celui qui vient à moi n'aura jamais faim,
celui qui croit en moi n'aura jamais soif.
(Jn 6, 35)

Prière après la communion

Seigneur, entoure d'une constante protection ceux que tu as renouvelés par le don du ciel ; puisque tu ne cesses de les réconforter, rends-les dignes de la rédemption éternelle. Par le Christ, notre Seigneur.
– Amen.

RITE DE CONCLUSION

Bénédiction

Envoi

COMMENTAIRE DU DIMANCHE

Jonathan Guilbault, directeur éditorial de *Prions en Église* Canada

En terrain inconnu

Il y a quelque temps, j'ai animé un pèlerinage à Lourdes et à Fatima. Nous étions cinquante-quatre personnes – dont une femme de 91 ans ! Dans un groupe d'une telle taille, les irritants proliféraient au moindre contretemps. Chaque pépin créait une onde d'exaspération. Ce qui a sauvé notre voyage : célébrer la messe tous les jours, pour renouveler notre sens de la gratitude. Notre bande de pèlerins n'était pas si différente des fils d'Israël en Exode, ou des foules qui suivaient Jésus en lui demandant des signes. Dans les trois cas, de grandes attentes se heurtent à une réalité qui leur résiste. Sans aucun doute, nous souhaitons tous gagner en liberté et en sagesse. Mais admettons-le : quand les occasions se présentent, notre enthousiasme chute rapidement. Car il s'agit, presque toujours, de sortir de notre zone •••

••• de confort, en terrain inconnu. Un pèlerinage n'est pas une extase de tous les instants. La liberté qu'offre Dieu non plus. Ce qui nous nourrit en profondeur, dans la vie spirituelle, coïncide rarement à ce que nous désirons sur le moment. Devenir l'homme nouveau, la femme nouvelle au sens où l'entend saint Paul, c'est peut-être justement vivre dans la conviction de foi inébranlable que Dieu nous devance toujours, qu'il sait mieux que nous de quel pain nous avons besoin pour la route.

Comment est-ce que je réagis, le plus souvent,
lorsque mes attentes sont déçues ?
Quelles pensées m'aident le plus à entrer dans une posture
de gratitude ? ■

Prions en Église junior

LIRE L'ÉVANGILE AVEC LES ENFANTS

CE QUE JE DÉCOUVRE

Après la multiplication des pains,
Jésus nous propose une autre nourriture :
c'est lui-même, le pain de la vie.
Son amour nous rassasie et demeure jusque dans la vie éternelle.
Il est avec toi pour toujours,
il te suffit d'ouvrir ton cœur.
Quand tu reçois la communion à la messe,
Jésus se donne à toi.

CE QUE JE VIS

Quelles sont tes activités préférées ?
Qui t'aide à découvrir Jésus ?
Répète calmement :
« Jésus, tu es le pain de la vie.
Tu es la nourriture
pour la vie éternelle. »

Texte : Frédéric Pascal. Illustrations : Marcelino Truong

MÉDITATION BIBLIQUE

18E DIMANCHE DU TEMPS ORDINAIRE

Livre de l'Exode 16, 2-4.12-15

Le désert, chemin de vérité

La liberté à laquelle Israël vient d'accéder s'avère être non seulement un chemin risqué, mais surtout un chemin de vérité. Une composante de toute vie humaine qui nous surprend parfois, mais que l'Écriture nous aide à apprivoiser.

Le temps de la préparation

« Tel un berger, Dieu conduit son peuple, il le fait entrer dans son domaine sacré. » (Ps 77, 52)

Le temps de l'observation

Si les Hébreux ont supplié pour être libérés de leur captivité égyptienne, il ne semble plus en être ainsi. L'épreuve – ici, la faim – les conduit à regretter leur état d'esclaves. Pas un cri vers Dieu, qui a entendu leur détresse (cf. Ex 2, 24) et les a sauvés (cf. Ex 14, 30), mais des récriminations contre Moïse et Aaron tout aussi démunis qu'eux. La mémoire leur fait manifestement défaut, la non-satisfaction immédiate de leurs besoins, certes vitaux, leur est insupportable. Le don de la manne qui répond à la détresse du peuple est qualifié d'épreuve. Ce qui suggère que le manque et le don ont en commun de révéler ce qui habite chacun, de l'acculer à se confronter à sa propre réalité. Ce qui ne constitue pas une fin en soi : « Alors, vous saurez que moi, le Seigneur, je suis votre Dieu. » Tel est en effet l'enjeu : entrer toujours plus avant dans la connaissance du Dieu de l'Alliance et vivre le plus authentiquement possible cette appartenance mutuelle, source de toute joie.

Le temps de la méditation

Comme les Hébreux au désert, nous sommes prompts à oublier les merveilles que Dieu a pu accomplir dans nos vies : des merveilles qui fondent notre foi et notre espérance, des merveilles qui font naître notre action de grâce et nourrissent notre louange. Ainsi, nous avons là une invitation à faire mémoire. Ce qui suppose d'être présents à ce qui nous advient dans le concret de nos existences et au chemin que nous sommes appelés à parcourir. Car comment reconnaître que Dieu nous libère si nous n'avons pas conscience d'être enchaînés et nous laissons entraîner par une fuite en avant ? Ces versets nous incitent également à nous interroger sur notre rapport au temps et à la satisfaction de nos besoins, sur notre capacité à assumer la frustration et à accueillir l'inconnu : « Qu'est-ce que c'est ? » Enfin, il peut être intéressant de replacer cet épisode dans son contexte, entre la libération d'Égypte et le don de la Loi, pour en saisir les riches nuances.

Le temps de la prière

« Ta parole est la lumière de mes pas, la lampe de ma route. » (Ps 118, 105) ■

Emmanuelle Billoteau, ermite

LA SAINTE DU MOIS

6 AOÛT : SAINTE MARIE-FRANÇOISE RUBATTO (1844-1904)

Pas à pas, vers Dieu

Certains saints se vouent au Seigneur de manière précoce et totale. Pour d'autres, telle sainte Marie-Françoise Rubatto, le cheminement est plus progressif : chaque étape de leur vie est comme un pas supplémentaire dans leur don à Dieu. Née en 1844 dans un village du Piémont (Italie), Anne-Marie (son prénom de baptême) Rubatto découvrit la foi chrétienne grâce à une mère très pieuse. En 1863, la jeune femme partit pour Turin : là, elle devint la dame de compagnie d'une riche comtesse, Marianna Scoffone, qui l'encouragea dans ses actions de bienfaisance : visite des pauvres et des malades, catéchisme… Le zèle d'Anne-Marie attira l'attention de Don Bosco qui l'associa à certaines de ses œuvres. En 1882, quand Marianna Scoffone mourut, Anne-Marie Rubatto alla vivre chez sa sœur à Loano, près de Savone. Elle se joignit à un petit groupe de femmes charitables que le père Angelico, un frère mineur capucin, voulait transformer en un institut religieux : il demanda à Anne-Marie d'en prendre la direction. Avant de se décider à franchir ce nouveau pas crucial, la quadragénaire pria, prit conseil puis accepta : le 23 janvier 1885, Anne-Marie Rubatto devenait sœur Marie-Françoise de Jésus. Un nom de religion qui reflétait son profond attachement au Christ, la Sainte Vierge et saint François d'Assise. Suivant le modèle du Poverello, l'institut naissant des

Sœurs capucines reçut pour mission de servir le Christ en servant les pauvres. D'abord en Italie, puis, à onze mille kilomètres de là, en Uruguay et en Argentine ! Mère Rubatto y ouvrit des oratoires, des écoles, des ateliers, des dispensaires. Après douze années d'un labeur intense des deux côtés de l'Atlantique, la supérieure tomba malade à Montevideo et rendit son âme à Dieu, le 6 août 1904.

Marie-Françoise Rubatto a été canonisée en 2022. Elle est considérée comme la première sainte de l'Uruguay, ayant beaucoup œuvré dans ce pays. ■ **Xavier Lecœur,** journaliste et historien

UNE SAINTE POUR AUJOURD'HUI

« Vous devez prier avec insistance pour savoir ce que le Seigneur veut de vous », conseillait sainte Marie-Françoise Rubatto. À son exemple, il est bon de se tourner vers Dieu à chaque tournant de notre existence, afin que l'Esprit Saint nous éclaire sur le meilleur chemin à prendre.

LUNDI 5 AOÛT 2024

18E SEMAINE DU TEMPS ORDINAIRE COULEUR LITURGIQUE : VERT

Temps ordinaire, *suggestion d'oraisons et d'antiennes n° 32*
ou **dédicace de la basilique Sainte-Marie Majeure,** *voir p. 50*

Antienne d'ouverture

Que ma prière parvienne jusqu'à toi ;
ouvre ton oreille à ma plainte, Seigneur. (cf. Ps 87, 3)

Prière

Dieu de puissance et de miséricorde, éloigne de nous, dans ta bonté, tout ce qui nous arrête, afin que sans aucune entrave, ni d'esprit ni de corps, nous accomplissions d'un cœur libre ce qui vient de toi. Par Jésus… **— *Amen.***

Lecture

du livre du prophète Jérémie (28, 1-17)

« Ananie : le Seigneur ne t'a pas envoyé,
et toi, tu rassures ce peuple par un mensonge »

Cette année-là, au début du règne de Sédécias, roi de Juda, la quatrième année, au cinquième mois, le prophète Ananie, fils d'Azzour, originaire de Gabaon, me dit dans la maison du Seigneur, en présence des prêtres et de tout le peuple : « Ainsi parle le Seigneur de l'univers, le Dieu d'Israël : J'ai brisé le joug du roi de Babylone ! Dans deux ans, jour pour jour, je ferai revenir en ce lieu tous les objets de la maison du Seigneur que Nabucodonosor, roi de Babylone, a enlevés pour les emporter

à Babylone. Je ramènerai ici Jékonias, fils de Joakim, roi de Juda, avec tous les déportés de Juda qui sont partis à Babylone – oracle du Seigneur –, car je vais briser le joug du roi de Babylone ! » Le prophète Jérémie répondit au prophète Ananie en présence des prêtres et de tout le peuple, qui se tenaient dans la maison du Seigneur. Il lui dit : « Amen ! Que le Seigneur agisse ainsi, que le Seigneur accomplisse ta prophétie : qu'il fasse revenir de Babylone les objets de la maison du Seigneur et tous les déportés. Cependant, écoute bien cette parole que je vais te faire entendre, à toi et à tout le peuple : Les prophètes qui nous ont précédés, toi et moi, depuis bien longtemps, ont prophétisé contre de nombreux pays et de grands royaumes la guerre, le malheur et la peste. Le prophète qui annonce la paix n'est reconnu comme prophète vraiment envoyé par le Seigneur, que si sa parole s'accomplit. » Alors le prophète Ananie enleva le joug que le prophète Jérémie s'était mis sur la nuque, et il le brisa. Et Ananie déclara en présence de tout le peuple : « Ainsi parle le Seigneur : De la même manière, dans deux ans, jour pour jour, je briserai le joug de Nabucodonosor, roi de Babylone, pour en délivrer toutes les nations. » Alors le prophète Jérémie alla son chemin.

La parole du Seigneur fut adressée à Jérémie après que le prophète Ananie eut brisé le joug qui était sur sa nuque. « Va dire à Ananie : Ainsi parle le Seigneur : Tu as brisé un joug de bois, mais à sa place tu feras un joug de fer. Car ainsi parle le Seigneur de l'univers, le Dieu d'Israël : C'est un joug de fer que je mets sur la nuque de toutes ces nations, pour qu'elles servent Nabucodonosor, roi de Babylone. Et elles le serviront. Je lui ai donné même les bêtes

sauvages. » Le prophète Jérémie dit alors au prophète Ananie : « Écoute bien, Ananie : le Seigneur ne t'a pas envoyé, et toi, tu rassures ce peuple par un mensonge. C'est pourquoi, ainsi parle le Seigneur : Je te renvoie de la surface de la terre ; tu mourras cette année, car c'est la révolte que tu as prêchée contre le Seigneur. » Le prophète Ananie mourut cette même année, au septième mois.
– Parole du Seigneur.

Psaume 118 (119)

℟ ***Seigneur, apprends-moi tes commandements.***

Détourne-moi de la voie du mensonge,
fais-moi la grâce de ta loi.
N'ôte pas de ma bouche la parole de vérité,
car j'espère tes décisions. ℟

Qu'ils se tournent vers moi,
ceux qui te craignent,
ceux qui connaissent tes exigences.

Que j'aie par tes commandements
le cœur intègre :
alors je ne serai pas humilié. ℟

Des impies escomptent ma perte :
moi, je réfléchis à tes exigences.
De tes décisions, je ne veux pas m'écarter,
car c'est toi qui m'enseignes. ℟

Acclamation de l'Évangile

Alléluia. Alléluia. L'homme ne vit pas seulement de pain, mais de toute parole qui sort de la bouche de Dieu. ***Alléluia.***

Évangile de Jésus Christ

selon saint Matthieu (14, 13-21)

« Levant les yeux au ciel, il prononça la bénédiction ; il rompit les pains, il les donna aux disciples, et les disciples les donnèrent à la foule »

En ce temps-là, quand Jésus apprit la mort de Jean le Baptiste, il se retira et partit en barque pour un endroit désert, à l'écart. Les foules l'apprirent et, quittant leurs villes, elles suivirent à pied. En débarquant, il vit une grande foule de gens ; il fut saisi de compassion envers eux et guérit leurs malades. Le soir venu, les disciples s'approchèrent et lui dirent : « L'endroit est désert et l'heure est déjà avancée. Renvoie donc la foule : qu'ils aillent dans les villages s'acheter de la nourriture ! » Mais Jésus leur dit : « Ils n'ont pas besoin de s'en aller. Donnez-leur vous-mêmes à manger. » Alors ils lui disent : « Nous n'avons là que cinq pains et deux poissons. » Jésus dit : « Apportez-les moi. » Puis, ordonnant à la foule de s'asseoir sur l'herbe, il prit les cinq pains et les deux poissons, et, levant les yeux au ciel, il prononça la bénédiction* ; il rompit les pains, il les donna aux disciples, et les disciples les donnèrent à la foule. Ils mangèrent tous et ils furent rassasiés. On ramassa les morceaux qui restaient : cela faisait douze paniers pleins. Ceux qui avaient mangé étaient environ cinq mille, sans compter les femmes et les enfants.

Prière sur les offrandes

Sur les offrandes que nous présentons pour le sacrifice, nous t'en prions, Seigneur, jette un regard favorable, afin que, par la ferveur de notre amour, nous obtenions ce que nous célébrons dans le mystère de la passion de ton Fils. Lui qui… – ***Amen.***

Antienne de la communion

Le Seigneur est mon berger :
je ne manque de rien.
Sur des prés d'herbe fraîche,
il me fait reposer.
Il me mène vers les eaux tranquilles
et me fait revivre.
(Ps 22, 1-2)

OU

Les disciples reconnurent le Seigneur
Jésus à la fraction du pain, alléluia.
(cf. Lc 24, 35)

Prière après la communion

Fortifiés par le don très saint que tu nous fais, Seigneur, nous te rendons grâce et nous implorons ta bonté : que, par le don de ton Esprit, ceux qui ont reçu la force d'en haut aient la grâce de persévérer dans la droiture. Par le Christ, notre Seigneur. – ***Amen.***

INVITATION

Un peu de pain et de poisson ont pu nourrir la foule. Et moi ?
Suis-je suffisamment attentif à la sobriété de ma consommation ?

COMMENTAIRE

Une pédagogie de vie Jérémie 28, 1-17

La prophétie optimiste d'Ananie est une double erreur. Sur le plan politique, elle encourage Sédécias à se révolter contre le vainqueur Babylonien, ce qui mènera au désastre de l'Exil. Sur le plan religieux, elle épargne au peuple l'examen de conscience que la défaite est censée lui inspirer. La pédagogie de Dieu vise à faire de nous des vivants, parfois au prix de douloureuses remises en question. ■

***Jean-Marc Liautaud,** Fondacio*

✻ CLÉ DE LECTURE

« Il prononça la bénédiction » Matthieu 14, 19 *(p. 47)*

Le récit des pains rompus peut être lu comme une catéchèse eucharistique. Les gestes de Jésus sont décrits avec les mêmes verbes que lors de son dernier repas : il prend les pains, bénit Dieu, les rompt et les donne à ses disciples (cf. Mt 26, 26). Dès lors, l'ensemble de la scène devient signifiant : la « compassion » de Jésus (« pris aux entrailles », comme le Père), la guérison de ceux qui n'ont plus de force, et surtout l'insistance sur le flux du don : « Donnez-leur [...], il les donna aux disciples, et les disciples les donnèrent à la foule. » Tout un élan qui conduit à la satiété et au débordement. Le repas eucharistique rend présent, tangible, le don de l'amour de Dieu, la vie offerte aux croyants pour qu'ils la fassent déborder sur le monde, en guérison, nourriture et partage. ■

***Roselyne Dupont-Roc,** bibliste*

Dédicace de la basilique Sainte-Marie Majeure

Couleur liturgique : blanc

La liturgie rappelle aujourd'hui la consécration d'une des quatre grandes basiliques de Rome, dédiée à la Vierge Marie en 432. Le temple de pierre figure la construction spirituelle de l'Église, faite de pierres vivantes.

Antienne d'ouverture

Nous te saluons, Mère très sainte :
tu as mis au monde le Roi
qui gouverne le ciel et la terre
pour les siècles sans fin.

Prière

Seigneur, nous t'en prions : pardonne les péchés de tes serviteurs ; puisque nous ne pouvons te plaire par nos propres actes, que l'intercession de la Mère de ton Fils, notre Seigneur, nous obtienne le salut. Lui qui… **— *Amen.***

Prière sur les offrandes

Dans son amour pour l'humanité, que ton Fils unique vienne à notre secours, Seigneur ; sa naissance n'a pas altéré mais consacré l'intégrité virginale de sa mère ; qu'il nous délivre de nos péchés et te rende agréable cette offrande. Lui qui… **— *Amen.***

Préface de la Vierge Marie, p. 234

Antienne de la communion

Heureuse la Vierge Marie, qui a porté dans son sein le Fils du Père éternel. (cf. Lc 11, 27)

Prière après la communion

En communiant aux sacrements du ciel, nous implorons ta bonté, Seigneur : puisque nous avons la joie de faire mémoire de la bienheureuse Vierge Marie, rends-nous capables de nous mettre, à son imitation, au service du mystère de notre rédemption. Par le Christ, notre Seigneur. **— *Amen.***

MARDI 6 AOÛT 2024

COULEUR LITURGIQUE : BLANC

Transfiguration du Seigneur

La Transfiguration du Christ sur le mont Thabor est célébrée quarante jours avant la Croix glorieuse, pour « préparer le cœur de ses disciples à surmonter le scandale de la Croix ».

Antienne d'ouverture

L'Esprit Saint apparut dans la nuée lumineuse,
et la voix du Père se fit entendre : « Celui-ci est mon Fils bien-aimé,
en qui je trouve ma joie : écoutez-le ! » (cf. Mt 17, 5)

Gloire à Dieu *(p. 228)*

Prière

Seigneur Dieu, dans la transfiguration glorieuse de ton Fils unique, tu as confirmé par le témoignage de Moïse et d'Élie la vérité des mystères de la foi, et tu as donné à l'avance un signe merveilleux de notre pleine adoption filiale ; accorde aux serviteurs que nous sommes d'écouter la voix de ton Fils bien-aimé, afin de pouvoir devenir avec lui tes héritiers. Lui qui… ***— Amen.***

Lectures propres à la fête de la Transfiguration du Seigneur.

Lecture

de la deuxième lettre de saint Pierre apôtre (1, 16-19)

« Cette voix venant du ciel, nous l'avons nous-mêmes entendue »

Bien-aimés, ce n'est pas en ayant recours à des récits imaginaires sophistiqués que nous vous avons fait connaître la puissance et la venue de notre Seigneur Jésus Christ, mais c'est pour avoir été les témoins oculaires

de sa grandeur. Car il a reçu de Dieu le Père l'honneur et la gloire quand, depuis la Gloire magnifique, lui parvint une voix qui disait : *Celui-ci est mon Fils, mon bien-aimé ; en lui j'ai toute ma joie.* Cette voix venant du ciel, nous l'avons nous-mêmes entendue quand nous étions avec lui sur la montagne sainte. Et ainsi se confirme pour nous la parole prophétique ; vous faites bien de fixer votre attention sur elle, comme sur une lampe brillant dans un lieu obscur jusqu'à ce que paraisse le jour et que l'étoile du matin se lève dans vos cœurs.
– Parole du Seigneur.

On peut aussi lire Daniel 7, 9-10.13-14.

Psaume 96 (97)

℟ ***Le Seigneur est roi, le Très-Haut sur toute la terre !***

Le Seigneur est roi ! Ex**u**lte la terre !
Joie pour les **î**les sans nombre !
Ténèbre et nu**é**e l'entourent,
justice et droit sont l'appu**i** de son trône. ℟

Quand ses éclairs illumin**è**rent le monde,
la terre le v**i**t et s'affola ;
les montagnes fondaient
comme cire dev**a**nt le Seigneur,
devant le Maître de to**u**te la terre. ℟

Les cieux ont proclam**é** sa justice,
et tous les peuples ont v**u** sa gloire.
Tu es, Seigneur,
le Très-Haut sur to**u**te la terre :
tu domines de ha**u**t tous les dieux. ℟

Acclamation de l'Évangile

Alléluia. Alléluia. Celui-ci est mon Fils bien-aimé, en qui je trouve ma joie : écoutez-le ! ***Alléluia.***

Évangile de Jésus Christ

selon saint Marc (9, 2-10)

« Celui-ci est mon Fils bien-aimé »

En ce temps-là, Jésus prit avec lui Pierre, Jacques et Jean, et les emmena, eux seuls, à l'écart sur une haute montagne. Et il fut transfiguré devant eux. Ses vêtements devinrent resplendissants, d'une blancheur telle que personne sur terre ne peut obtenir une blancheur pareille. Élie leur apparut avec Moïse, et tous deux s'entretenaient avec Jésus. Pierre alors prend la parole et dit à Jésus : « Rabbi, il est bon que nous soyons ici ! Dressons donc trois tentes : une pour toi, une pour Moïse, et une pour Élie. » De fait, Pierre ne savait que dire, tant leur frayeur était grande. Survint une nuée qui les couvrit de son ombre, et de la nuée une voix se fit entendre : « Celui-ci est mon Fils bien-aimé : écoutez-le ! » Soudain, regardant tout autour, ils ne virent plus que Jésus seul avec eux. Ils descendirent de la montagne, et Jésus leur ordonna de ne raconter à personne ce qu'ils avaient vu, avant que le Fils de l'homme soit ressuscité d'entre les morts. Et ils restèrent fermement attachés à cette parole, tout en se demandant entre eux ce que voulait dire : « ressusciter d'entre les morts ».

Prière sur les offrandes

Sanctifie nos offrandes, Seigneur, par la transfiguration glorieuse de ton Fils unique ; et, dans la splendeur de son rayonnement, purifie-nous des souillures du péché. Par le Christ, notre Seigneur. — ***Amen.***

Prière eucharistique (*Préface de la Transfiguration*)

Vraiment, il est juste et bon, pour ta gloire et notre salut, de t'offrir notre action de grâce, toujours et en tout lieu, Seigneur, Père très saint, Dieu éternel et tout-puissant, par le Christ, notre Seigneur. Car il a révélé sa gloire aux témoins qu'il avait choisis, le jour où, en son corps semblable au nôtre, se répandit une splendeur incomparable ; il préparait ainsi le cœur de ses disciples à surmonter le scandale de la croix, il manifestait que s'accomplirait dans le corps tout entier de l'Église ce qui déjà rayonnait de manière admirable en lui qui en est la tête. C'est pourquoi, avec les puissances des cieux, nous pouvons te bénir sur la terre et t'adorer sans fin en proclamant : ***Saint ! Saint ! Saint…***

Antienne de la communion

Quand le Christ se manifestera,
nous lui serons semblables car nous
le verrons tel qu'il est. (cf. 1 Jn 3, 2)

Prière après la communion
Nous t'en prions, Seigneur, que cette nourriture venue du ciel nous transforme en l'image de ton Fils dont tu as révélé la splendeur par la gloire de la Transfiguration. Lui qui…
— Amen.

INVITATION

Sur mon lieu de vacances ou près de chez moi, je peux entrer dans une église et rester en adoration devant le tabernacle.

COMMENTAIRE

Transfiguration publique Marc 9, 2-10

Impossible de savoir combien de fois Jésus a été transfiguré quand il priait à l'écart. Cette fois, cela advient devant trois disciples. Ils reçoivent ainsi une confirmation de sa mission paradoxale, eux qui le reconnaissent comme Messie mais rechignent à envisager le Messie souffrant qu'il vient de leur présenter six jours auparavant. Ce faisant, ils entendent, pour la première fois, la voix du Père. ■

***Jean-Marc Liautaud,** Fondacio*

MERCREDI 7 AOÛT 2024

18e SEMAINE DU TEMPS ORDINAIRE COULEUR LITURGIQUE : VERT

Temps ordinaire, *suggestion d'oraisons et d'antiennes nº 33*
ou **saint Gaétan,**
ou **saint Sixte II et ses compagnons**

Antienne d'ouverture

Mes pensées, dit le Seigneur,
sont des pensées de paix et non de malheur.
Vous m'invoquerez, je vous écouterai,
et de partout je ramènerai vos captifs.
(Jr 29, 11.12.14)

Prière

Seigneur notre Dieu, nous t'en prions : accorde-nous la joie de t'appartenir sans réserve, car c'est un bonheur durable et profond de servir constamment le créateur de tout bien. Par Jésus… ***— Amen.***

Lecture

du livre du prophète Jérémie (31, 1-7)

« Je t'aime d'un amour éternel »

En ce temps-là – oracle du Seigneur –, je serai le Dieu de toutes les familles d'Israël, et elles seront mon peuple. Ainsi parle le Seigneur : Il a trouvé grâce dans le désert, le peuple qui a échappé au massacre ; Israël est en route vers Celui qui le fait reposer. Depuis les lointains, le Seigneur m'est apparu : Je t'aime d'un amour éternel, aussi je te garde ma fidélité.

De nouveau je te bâtirai, et tu seras rebâtie, vierge d'Israël. De nouveau tu prendras tes tambourins de fête pour te mêler aux danses joyeuses. De nouveau tu planteras des vignes dans les montagnes de Samarie, et ceux qui les planteront en goûteront le premier fruit. Un jour viendra où les veilleurs crieront dans la montagne d'Éphraïm : « Debout, montons à Sion, vers le Seigneur notre Dieu ! » Car ainsi parle le Seigneur : Poussez des cris de joie pour Jacob, acclamez la première des nations ! Faites résonner vos louanges et criez tous : « Seigneur, sauve ton peuple, le reste d'Israël ! »
– Parole du Seigneur.

Cantique Jérémie 31, 10, 11-12ab, 13

℟ ***Le Seigneur nous garde, comme un berger son troupeau.***

Écoutez, nations, la parole du Seigneur !
Annoncez dans les îles lointaines :
« Celui qui dispersa Israël le rassemble,
il le garde, comme un berger son troupeau. ℟

« Le Seigneur a libéré Jacob,
l'a racheté des mains d'un plus fort.
Ils viennent, criant de joie,
sur les hauteurs de Sion :
ils affluent vers les biens du Seigneur. ℟

« La jeune fille se réjouit, elle danse ;
jeunes gens, vieilles gens, tous ensemble !
Je change leur deuil en joie,
les réjouis, les console après la peine. » ℟

Acclamation de l'Évangile

Alléluia. Alléluia. Un grand prophète s'est levé parmi nous, et Dieu a visité son peuple. ***Alléluia.***

Évangile de Jésus Christ

selon saint Matthieu (15, 21-28)

« Femme, grande est ta foi ! »

En ce temps-là, Jésus se retira dans la région de Tyr et de Sidon. Voici qu'une Cananéenne, venue de ces territoires, disait en criant : « Prends pitié de moi, Seigneur, fils de David ! Ma fille est tourmentée par un démon. » Mais il ne lui répondit pas un mot. Les disciples s'approchèrent pour lui demander : « Renvoie-la, car elle nous poursuit de ses cris ! » Jésus répondit : « Je n'ai été envoyé qu'aux brebis perdues de la maison d'Israël. » Mais elle vint se prosterner devant lui en disant : « Seigneur, viens à mon secours ! » Il répondit : « Il n'est pas bien de prendre le pain des enfants et de le jeter aux petits chiens. » Elle reprit : « Oui, Seigneur ; mais justement, les petits chiens mangent les miettes qui tombent de la table de leurs maîtres. » Jésus répondit : « Femme, grande est ta foi, que tout se passe pour toi comme tu le veux ! » Et, à l'heure même, sa fille fut guérie.

Prière sur les offrandes

Nous t'en prions, Seigneur, Dieu de majesté : regarde les présents que nous t'offrons, et permets qu'ils nous obtiennent la grâce de te servir et de parvenir ainsi à l'éternité bienheureuse. Par le Christ, notre Seigneur. ***— Amen.***

Antienne de la communion

Pour moi, il est bon de m'attacher à Dieu, de mettre mon espoir dans le Seigneur, mon Dieu. (cf. Ps 72, 28)

OU

Amen, je vous le dis : tout ce que vous demandez dans la prière, croyez que vous l'avez obtenu, et cela vous sera accordé, dit le Seigneur. (Mc 11, 23-24)

Prière après la communion

Seigneur, nous avons reçu les dons que tu nous as faits dans ce sacrement, et nous te supplions humblement : ton Fils nous a demandé de les célébrer en mémoire de lui, qu'ils augmentent en nous la charité. Par le Christ, notre Seigneur. – ***Amen.***

INVITATION

Beaucoup de familles se retrouvent cet été pour passer de bons moments ensemble. J'intercède pour celles qui sont éprouvées par la maladie, le deuil, la séparation...

COMMENTAIRE

Ajustement et enrichissement Matthieu 15, 21-28

Lorsque la femme cesse de lui donner le titre de fils de David, qui n'est pertinent que dans la bouche d'un Juif, Jésus consent à lui parler. Il s'ouvre alors à l'idée que le festin messianique puisse nourrir à la fois Juifs et non Juifs, et qu'il ne s'agit pas de « prendre » aux uns pour donner aux autres. Dans cette belle rencontre, chacun s'ajuste grâce à l'autre et chacun ressort enrichi. ■

Jean-Marc Liautaud, *Fondacio*

JEUDI 8 AOÛT 2024

18E SEMAINE DU TEMPS ORDINAIRE COULEUR LITURGIQUE : BLANC

Saint Dominique

Vers 1170-1221. Fondateur de l'ordre des Frères prêcheurs (dominicains). Il lutta contre la propagation du catharisme par la prédication évangélique et par l'exemple d'une pauvreté radicale.

Antienne d'ouverture

Dans son Église, le Seigneur lui a donné la parole ; il l'a rempli de l'esprit de sagesse et d'intelligence, et l'a revêtu de gloire. (cf. Si 15, 5)

Prière

Accorde à ton Église, Seigneur, de trouver un secours dans les mérites et les enseignements de saint Dominique : que, dans sa grande bonté, il intercède pour nous, après avoir été un prédicateur éminent de ta vérité. Par Jésus… ***— Amen.***

Lecture

du livre du prophète Jérémie (31, 31-34)

« Je conclurai une alliance nouvelle.
Je ne me rappellerai plus leurs péchés »

Voici venir des jours – oracle du Seigneur –, où je conclurai avec la maison d'Israël et avec la maison de Juda une alliance nouvelle. Ce ne sera pas comme l'alliance que j'ai conclue avec leurs pères, le jour où je les ai pris par la main pour les faire sortir du pays d'Égypte : mon alliance, c'est eux qui l'ont rompue, alors que moi, j'étais leur maître – oracle du Seigneur. Mais voici quelle sera l'alliance que je conclurai avec la maison d'Israël quand ces jours-là seront passés – oracle du Seigneur.

Je mettrai ma Loi au plus profond d'eux-mêmes ; je l'inscrirai sur leur cœur. Je serai leur Dieu, et ils seront mon peuple. Ils n'auront plus à instruire chacun son compagnon, ni chacun son frère en disant : « Apprends à connaître le Seigneur ! » Car tous me connaîtront, des plus petits jusqu'aux plus grands – oracle du Seigneur. Je pardonnerai leurs fautes, je ne me rappellerai plus leurs péchés.
– Parole du Seigneur.

Psaume 50 (51)

℟ ***Crée en moi un cœur pur, ô mon Dieu.***

Crée en moi un cœur pur, ô mon Dieu,
renouvelle et raffermis
au fond de moi mon esprit.
Ne me chasse pas loin de ta face,
ne me reprends pas ton esprit saint. ℟

Rends-moi la joie d'être sauvé ;
que l'esprit généreux me soutienne.
Aux pécheurs, j'enseignerai tes chemins ;
vers toi, reviendront les égarés. ℟

Si j'offre un sacrifice, tu n'en veux pas,
tu n'acceptes pas d'holocauste.
Le sacrifice qui plaît à Dieu,
c'est un esprit brisé ;
tu ne repousses pas, ô mon Dieu,
un cœur brisé et broyé. ℟

Acclamation de l'Évangile

Alléluia. Alléluia. Tu es Pierre, et sur cette pierre je bâtirai mon Église ; et la puissance de la Mort ne l'emportera pas sur elle. ***Alléluia.***

Évangile de Jésus Christ

selon saint Matthieu (16, 13-23)

« Tu es Pierre, et je te donnerai les clés du royaume des Cieux »

En ce temps-là, Jésus, arrivé dans la région de Césarée-de-Philippe, demandait à ses disciples : « Au dire des gens, qui est le Fils de l'homme ? » Ils répondirent : « Pour les uns, Jean le Baptiste ; pour d'autres, Élie ; pour d'autres encore, Jérémie ou l'un des prophètes. » Jésus leur demanda : « Et vous, que dites-vous ? Pour vous, qui suis-je ? » Alors Simon-Pierre prit la parole et dit : « Tu es le Christ, le Fils du Dieu vivant ! » Prenant la parole à son tour, Jésus lui dit : « Heureux es-tu, Simon fils de Yonas : ce n'est pas la chair et le sang qui t'ont révélé cela, mais mon Père qui est aux cieux. Et moi, je te le déclare : Tu es Pierre, et sur cette pierre je bâtirai mon Église ; et la puissance de la Mort ne l'emportera pas sur elle. Je te donnerai les clés du royaume des Cieux : tout ce que tu auras lié sur la terre sera lié dans les cieux, et tout ce que tu auras délié sur la terre sera délié dans les cieux. » Alors, il ordonna aux disciples de ne dire à personne que c'était lui le Christ. À partir de ce moment, Jésus commença à montrer à ses disciples qu'il lui fallait partir pour Jérusalem, souffrir beaucoup de la part des anciens, des grands prêtres et des scribes, être tué, et le troisième jour ressusciter. Pierre, le prenant à part, se mit à lui faire de vifs reproches : « Dieu t'en garde, Seigneur ! cela ne t'arrivera pas. » Mais lui, se retournant, dit à Pierre : « Passe derrière moi, Satan ! Tu es pour moi une occasion de chute : tes pensées ne sont pas celles de Dieu*, mais celles des hommes. »

Prière sur les offrandes

Par l'intercession de saint Dominique, écoute avec bienveillance, Seigneur, les prières que nous te présentons ; et, par la puissance de ce sacrifice, soutiens ceux qui luttent pour la foi, en leur donnant la protection de ta grâce. Par le Christ, notre Seigneur. – ***Amen.***

Antienne de la communion

Voici le serviteur fidèle et avisé
que le maître a établi sur sa maison,
pour donner à chacun,
en temps voulu, sa part de blé.
(cf. Lc 12, 42)

Prière après la communion

Seigneur, en ce jour où nous faisons mémoire de saint Dominique, tu nous as donné en nourriture le sacrement du ciel ; fais que ton Église, ardente à te servir, en reçoive toute la force, et soit soutenue par la prière de celui qui l'éclaira de sa prédication. Par le Christ, notre Seigneur. – ***Amen.***

INVITATION

En cette fête de saint Dominique, je prie pour toute la famille dominicaine.

COMMENTAIRE

Remis en place Matthieu 16, 13-23

Matthieu souligne le paradoxe de Pierre. Sa foi remarquable soutiendra l'Église, qui est ici évoquée comme un collectif vainqueur de la mort. Mais il est aussi celui qui, en refusant que le chemin du Messie passe par la souffrance et le rejet, est dénoncé comme tentateur et se fait remettre à sa place. Ne sommes-nous pas tous ainsi face au Christ, à la fois pertinents et sans cesse à ajuster ? ■

***Jean-Marc Liautaud**, Fondacio*

❊ CLÉ DE LECTURE

« Pas celles de Dieu » Matthieu 16, 23 *(p. 62)*

La remontrance est rude, voire terrible, Jésus ne ménage pas Pierre ! Pourtant quelques instants auparavant, il l'a reconnu « heureux », empli de l'Esprit et de la joie du Dieu Père qui lui a permis de reconnaître en Jésus le Messie attendu, le Fils bien-aimé. On comprend que Pierre ne supporte pas l'idée que celui-là, dont il attend la victoire, soit au contraire arrêté, humilié, mis à mort. Pierre a eu la révélation soudaine de ce qu'était la paternité de Dieu, un don sans retour : en Jésus, Dieu se remet entre les mains des hommes ; il est le Père qui leur donne tout et assume jusqu'au bout le refus, la haine, le péché. Cette « révélation » est trop forte pour Pierre, il doit abandonner ses rêves de puissance, convertir son image même de Dieu ! ■

***Roselyne Dupont-Roc**, bibliste*

VENDREDI 9 AOÛT 2024

COULEUR LITURGIQUE : ROUGE

Sainte Thérèse-Bénédicte de la Croix (Edith Stein)

1891-1942. Née dans une famille juive, Edith Stein découvrit la foi chrétienne et entra au Carmel à 42 ans. Arrêtée par les nazis, elle mourut à Auschwitz. Copatronne de l'Europe.

4 - 10

Antienne d'ouverture

Que la croix de notre Seigneur Jésus Christ soit ma seule fierté.
Par elle, le monde est crucifié pour moi, et moi pour le monde.
(Ga 6, 14)

Gloire à Dieu (p.228)

Prière

Dieu de nos pères, tu as conduit la sainte martyre Thérèse-Bénédicte à connaître ton Fils crucifié et à l'imiter jusque dans la mort ; par son intercession, accorde à tous de reconnaître dans le Christ leur Sauveur et, grâce à lui, de parvenir à te contempler pour l'éternité. Lui qui… — ***Amen.***

Lectures propres à la fête de sainte Thérèse-Bénédicte de la Croix.

Lecture

du livre du prophète Osée (2, 16b.17b.21-22)

« Je ferai de toi mon épouse pour toujours »

Ainsi parle le Seigneur : Mon épouse infidèle, je vais l'entraîner jusqu'au désert, et je lui parlerai cœur à cœur. Là, elle me répondra comme au temps de sa jeunesse, au jour où elle est sortie du pays d'Égypte. Je

ferai de toi mon épouse pour toujours, je ferai de toi mon épouse dans la justice et le droit, dans la fidélité* et la tendresse ; je ferai de toi mon épouse dans la loyauté, et tu connaîtras le Seigneur. – Parole du Seigneur.

Psaume 44 (45)

℟ ***Écoute, ma fille, regarde et tends l'oreille.***

Écoute, ma fille, regarde et tends l'oreille ;
oublie ton peuple et la maison de ton père :
le roi sera séduit par ta beauté.
Il est ton Seigneur :
prosterne-toi devant lui. ℟

Fille de roi, elle est là, dans sa gloire,
vêtue d'étoffes d'or ;
on la conduit, toute parée, vers le roi.
Des jeunes filles, ses compagnes,
lui font cortège. ℟

On les conduit parmi les chants de fête :
elles entrent au palais du roi.
À la place de tes pères se lèveront tes fils ;
sur toute la terre
tu feras d'eux des princes. ℟

Acclamation de l'Évangile

Alléluia, alléluia. Viens, épouse du Christ, reçois la couronne, que le Seigneur t'a préparée pour l'éternité. ***Alléluia.***

Évangile de Jésus Christ

selon saint Matthieu (25, 1-13)

« Voici l'époux ! Sortez à sa rencontre »

En ce temps-là, Jésus disait à ses disciples cette parabole : « Le royaume des Cieux sera comparable à dix jeunes filles invitées à des noces, qui prirent leur lampe pour sortir à la rencontre de l'époux. Cinq d'entre elles étaient insouciantes, et cinq étaient prévoyantes : les insouciantes avaient pris leur lampe sans emporter d'huile, tandis que les prévoyantes avaient pris, avec leurs lampes, des flacons d'huile. Comme l'époux tardait, elles s'assoupirent toutes et s'endormirent.

« Au milieu de la nuit, il y eut un cri : "Voici l'époux ! Sortez à sa rencontre." Alors toutes ces jeunes filles se réveillèrent et se mirent à préparer leur lampe. Les insouciantes demandèrent aux prévoyantes : "Donnez-nous de votre huile, car nos lampes s'éteignent." Les prévoyantes leur répondirent : "Jamais cela ne suffira pour nous et pour vous, allez plutôt chez les marchands vous en acheter." Pendant qu'elles allaient en acheter, l'époux arriva. Celles qui étaient prêtes entrèrent avec lui dans la salle des noces, et la porte fut fermée. Plus tard, les autres jeunes filles arrivèrent à leur tour et dirent : "Seigneur, Seigneur, ouvre-nous !" Il leur répondit : "Amen, je vous le dis : je ne vous connais pas."

« Veillez donc, car vous ne savez ni le jour ni l'heure. »

Prière sur les offrandes

Dans ta bonté, Seigneur, accepte les présents que nous voulons te consacrer, en mémoire de la sainte martyre Thérèse-Bénédicte, et rends-les parfaits, toi qui as mené à leur perfection les multiples sacrifices de la première Alliance dans l'unique sacrifice offert par ton Fils en son propre sang. Lui qui… **— *Amen.***

Antienne de la communion

Si je traverse les ravins de la mort,
je ne crains aucun mal,
car tu es avec moi, Seigneur.
(Ps 22, 4)

Prière après la communion

En ce jour où nous honorons sainte Thérèse-Bénédicte, Dieu de grande bonté, nous te prions : que les fruits de l'arbre de la croix donnent force à nos cœurs ; fidèlement attachés au Christ en ce monde, nous pourrons, au paradis, manger du fruit de l'arbre de la vie. Par le Christ, notre Seigneur.
— *Amen.*

INVITATION

Et si je coupais mon téléphone aujourd'hui,
pour me consacrer entièrement aux personnes que je vais croiser ?

COMMENTAIRE

La réserve de prières

Matthieu 25, 1-13

Plusieurs passages du Nouveau Testament témoignent d'un vrai désarroi parmi les baptisés quand la certitude d'un retour imminent du Seigneur s'estompa. Matthieu insiste sur le fait qu'un rendez-vous capital mais incertain quant à sa date requiert de notre part de « faire des réserves ». Ici sans doute des réserves de courage, de foi, de sagesse et de patience, qui ne s'acquièrent que par la prière. ■

Jean-Marc Liautaud, *Fondacio*

❊ CLÉ DE LECTURE

« Fidélité »

Osée 2, 22 *(p. 66)*

Le prophète Osée a vécu une aventure humaine à dimension prophétique : à la demande de Dieu, il a rendu son amour à sa femme infidèle. Il donne ainsi à voir dans sa propre vie quelle est l'attitude de Dieu vis-à-vis de son peuple : Dieu, tenté de rejeter son peuple qui ne cesse de le trahir, déploie toute sa patience pour le ramener à lui. Le vocabulaire change alors : au-delà de l'amour porté à son peuple, Dieu propose une recréation complète de toute la nature qui répondra à son offre de vie, une alliance de paix pour tous les êtres vivants. Son engagement ouvre sur un avenir de bonheur révélant pour l'humanité et le monde une tendresse que nul ne saurait imaginer. Il reste aux humains à découvrir que le sort du monde est lié à leur propre réponse. ■

Roselyne Dupont-Roc, *bibliste*

SAMEDI 10 AOÛT 2024

COULEUR LITURGIQUE : ROUGE

Saint Laurent

IIIe siècle. Sans doute le plus célèbre des martyrs romains. Diacre du pape Sixte II, il mourut brûlé vif sur un gril.

Antienne d'ouverture

Pour le service des pauvres dans l'Église, le bienheureux Laurent s'est offert lui-même ; il fut digne de souffrir le martyre et de rejoindre dans la joie le Seigneur Jésus Christ.

Gloire à Dieu (p. 228)

Prière

Seigneur Dieu, c'est l'ardeur de ton amour qui a fait resplendir le bienheureux Laurent par la fidélité du service et la gloire du martyre ; accorde-nous d'aimer ce qu'il aimait, et d'accomplir ce qu'il a enseigné. Par Jésus… **— *Amen.***

Lectures propres à la fête de saint Laurent.

Lecture

de la deuxième lettre de saint Paul apôtre aux Corinthiens (9, 6-10)

« Dieu aime celui qui donne joyeusement »

Frères, rappelez-vous le proverbe : À semer trop peu, on récolte trop peu ; à semer largement, on récolte largement. Que chacun donne comme il a décidé dans son cœur, sans regret et sans contrainte, car Dieu aime celui qui donne joyeusement. Et Dieu est assez puissant

pour vous donner toute grâce en abondance, afin que vous ayez, en toute chose et toujours, tout ce qu'il vous faut, et même que vous ayez en abondance de quoi faire toute sorte de bien. L'Écriture dit en effet de l'homme juste : *Il distribue, il donne aux pauvres ; sa justice demeure à jamais.* Dieu, qui fournit la semence au semeur et le pain pour la nourriture, vous fournira la graine ; il la multipliera, il donnera la croissance à ce que vous accomplirez dans la justice. – Parole du Seigneur.

Psaume 111 (112)

℟ ***L'homme de bien a pitié, il partage.***

Heureux qui craint le Seigneur,
qui aime entièrement sa volonté !
Sa lignée sera puissante sur la terre ;
la race des justes est bénie. ℟

L'homme de bien a pitié, il partage ;
il mène ses affaires avec droiture.
Cet homme jamais ne tombera ;
toujours on fera mémoire du juste. ℟

Il ne craint pas l'annonce d'un malheur :
le cœur ferme, il s'appuie sur le Seigneur.
Son cœur est confiant, il ne craint pas :
il verra ce que valaient ses oppresseurs. ℟

Homme de justice, de tendresse et de pitié,
à pleines mains, il donne au pauvre ;
à jamais se maintiendra sa justice,
sa puissance grandira, et sa gloire ! ℟

Acclamation de l'Évangile

Alléluia. Alléluia. Celui qui me suit ne marchera pas dans les ténèbres, dit le Seigneur, il aura la lumière de la vie. ***Alléluia.***

Évangile de Jésus Christ

selon saint Jean (12, 24-26)

« Si quelqu'un me sert, mon Père l'honorera »

En ce temps-là, Jésus disait à ses disciples : « Amen, amen, je vous le dis : si le grain de blé tombé en terre ne meurt pas, il reste seul ; mais s'il meurt, il porte beaucoup de fruit. Qui aime sa vie la perd ; qui s'en détache en ce monde la gardera pour la vie éternelle. Si quelqu'un veut me servir, qu'il me suive ; et là où moi je suis, là aussi sera mon serviteur. Si quelqu'un me sert, mon Père l'honorera. »

Prière sur les offrandes

Accueille avec bienveillance, Seigneur, les offrandes que nous te présentons dans la joie de fêter le bienheureux Laurent : fais qu'elles servent à notre salut. Par le Christ, notre Seigneur. — ***Amen.***

Préface des saints martyrs, p. 236.

Antienne de la communion

Si quelqu'un veut me servir,
qu'il me suive, dit le Seigneur,
et là où je suis,
là aussi sera mon serviteur.
(cf. Jn 12, 26)

Prière après la communion

Comblés par le sacrement que tu as donné, Seigneur, nous t'adressons cette prière : puisque nous te présentons pour la fête du bienheureux Laurent l'hommage du service qui te revient, fais-nous ressentir que ton salut grandit en nous. Par le Christ, notre Seigneur. — ***Amen.***

INVITATION

On fête saint Laurent aujourd'hui, l'occasion de prier pour les martyrs de tous les temps.

COMMENTAIRE

Préférence au don 2 Corinthiens 9, 6-10 ; Jean 12, 24-26

Nous « détacher » de notre vie ? Le verbe grec est plus fort : « haïr », ce qui, en parler sémitique, veut dire : « ne pas préférer ». Les lectures de ce jour parlent du don que nous sommes invités à effectuer en écho au don de Dieu. Choisissons mieux qu'une vie qui s'économise mais demeure stérile. Le grain semé disparaît mais fructifie : c'est ainsi que le Père honore ceux qui donnent et se donnent. ■

Jean-Marc Liautaud*, Fondacio*

DIMANCHE 11 AOÛT 2024

19E DIMANCHE DU TEMPS ORDINAIRE

ANNÉE B – COULEUR LITURGIQUE : VERT

Faire confiance. Tel est le mot d'ordre de ce dimanche. La totale confiance, l'abandon à la miséricorde doivent caractériser les disciples de Jésus car il nous a révélé combien le Père prend soin de nous. Ne surestimons pas nos propres forces. Au contraire, laissons le Seigneur nous donner faim de son amour et nous combler à satiété.

RITES INITIAUX

Chant d'entrée *(Suggestions p. 258)*

OU

Antienne d'ouverture

Regarde vers ton Alliance, Seigneur, ne délaisse pas sans fin l'âme de tes pauvres. Lève-toi, Seigneur, défends ta cause, n'oublie pas le cri de ceux qui te cherchent. (cf. Ps 73, 20.19.22.23)

Suggestion de préparation pénitentielle *(ou p. 226)*

Au seuil de cette célébration qui nous offre une halte sur le chemin, reconnaissons-nous pécheurs et demandons au Seigneur la grâce de son pardon.

Seigneur Jésus, descendu du ciel pour devenir le pain vivant, tu ouvres nos yeux à tes merveilles, prends pitié de nous.

— Prends pitié de nous.

Ô Christ, victime offerte jusqu'à la mort pour nous donner la vraie vie, tu ouvres nos cœurs à la confiance, prends pitié de nous.

— Prends pitié de nous.

Seigneur, pain que nous mangeons pour marcher vers la vie éternelle, tu ouvres nos mains pour qu'elles partagent, prends pitié de nous.

— Prends pitié de nous.

Que Dieu tout-puissant nous fasse miséricorde ; qu'il nous pardonne nos péchés et nous conduise à la vie éternelle. ***— Amen.***

Gloire à Dieu (p. 228)

Prière

Dieu éternel et tout-puissant, comme l'enseigne l'Esprit Saint, nous pouvons déjà t'appeler du nom de Père ; fais grandir en nos cœurs l'esprit d'adoption filiale, afin que nous soyons capables d'entrer un jour dans l'héritage qui nous est promis. Par Jésus… ***— Amen.***

LITURGIE DE LA PAROLE

Lecture du premier livre des Rois (19, 4-8)

« Fortifié par cette nourriture, il marcha jusqu'à la montagne de Dieu »

En ces jours-là, le prophète Élie, fuyant l'hostilité de la reine Jézabel, marcha toute une journée dans le désert. Il vint s'asseoir à l'ombre d'un buisson, et demanda la mort en disant : « Maintenant, Seigneur, c'en est trop ! Reprends ma vie : je ne vaux pas mieux que mes pères. » Puis il s'étendit sous le buisson, et s'endormit. Mais voici qu'un ange le toucha et lui dit : « Lève-toi, et mange ! » Il regarda, et il y avait près de sa tête une galette cuite sur des pierres brûlantes et une cruche d'eau. Il mangea, il but, et se rendormit. Une seconde fois, l'ange du Seigneur le toucha et lui dit : « Lève-toi, et mange, car il est long, le chemin qui te reste. » Élie se leva, mangea et but. Puis, fortifié par cette nourriture, il marcha quarante jours et quarante nuits jusqu'à l'Horeb, la montagne de Dieu. – Parole du Seigneur.

Psaume 33 (34)

℟ ***Goûtez et voyez comme est bon le Seigneur !***

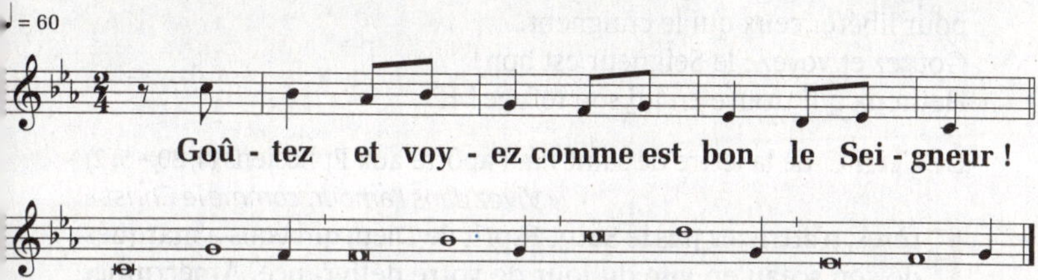

T. : AELF ; M. : T. Ospital ; Éd. : ADF.

Je bénirai le Seigneur en tout temps,
sa louange sans cesse à mes lèvres.
Je me glorifierai dans le Seigneur :
que les pauvres m'entendent et soient en fête ! ℟

Magnifiez avec moi le Seigneur,
exaltons tous ensemble son nom.
Je cherche le Seigneur, il me répond :
de toutes mes frayeurs, il me délivre. ℟

Qui regarde vers lui resplendira,
sans ombre ni trouble au visage.
Un pauvre crie ; le Seigneur entend :
il le sauve de toutes ses angoisses. ℟

Retrouvez ce psaume sur le CD "Les psaumes de l'année B"

℟ ***Goûtez et voyez comme est bon le Seigneur !***

L'ange du Seigneur campe alentour
pour libérer ceux qui le craignent.
Goûtez et voyez : le Seigneur est bon !
Heureux qui trouve en lui son refuge ! ℟

Lecture de la lettre de saint Paul apôtre aux Éphésiens (4, 30 – 5, 2)

« Vivez dans l'amour, comme le Christ »

Frères, n'attristez pas le Saint-Esprit de Dieu, qui vous a marqués de son sceau en vue du jour de votre délivrance. Amertume, irritation, colère, éclats de voix ou insultes, tout cela doit être éliminé de votre vie, ainsi que toute espèce de méchanceté. Soyez entre vous pleins de générosité et de tendresse. Pardonnez-vous les uns aux autres, comme Dieu vous a pardonné dans le Christ. Oui, cherchez à imiter Dieu, puisque vous êtes ses enfants bien-aimés. Vivez dans l'amour, comme le Christ nous a aimés et s'est livré lui-même pour nous, s'offrant en sacrifice à Dieu, comme un parfum d'agréable odeur.

– Parole du Seigneur.

Acclamation de l'Évangile

Alléluia. Alléluia. Moi, je suis le pain vivant, qui est descendu du ciel, dit le Seigneur ; si quelqu'un mange de ce pain, il vivra éternellement. ***Alléluia.***

T. : AELF ; M. : P. Robert.

Évangile de Jésus Christ selon saint Jean (6, 41-51)

« Moi, je suis le pain vivant, qui est descendu du ciel »

En ce temps-là, les Juifs récriminaient contre Jésus parce qu'il avait déclaré : « Moi, je suis le pain qui est descendu du ciel. » Ils disaient : « Celui-là n'est-il pas Jésus, fils de Joseph ? Nous connaissons bien son père et sa mère. Alors comment peut-il dire maintenant : "Je suis descendu du ciel" ? » Jésus reprit la parole : « Ne récriminez pas entre vous. Personne ne peut venir à moi, si le Père qui m'a envoyé ne l'attire, et moi, je le ressusciterai au dernier jour. Il est écrit dans les prophètes : Ils seront tous instruits par Dieu lui-même. Quiconque a entendu le Père et reçu son enseignement vient à moi. Certes, personne n'a jamais vu le Père, sinon celui qui vient de Dieu : celui-là seul a vu le Père. Amen, amen, je vous le dis : il a la vie éternelle, celui qui croit. Moi, je suis le pain de la vie. Au désert, vos pères ont mangé la manne, et ils sont morts ; mais le pain qui descend du ciel est tel que celui qui en mange ne mourra pas. Moi, je suis le pain vivant, qui est descendu du ciel : si quelqu'un mange de ce pain, il vivra éternellement. Le pain que je donnerai, c'est ma chair, donnée pour la vie du monde. »

Homélie

Profession de foi (p. 229)

Suggestion de prière universelle

Le prêtre : Comme le prophète Élie découragé par les épreuves, nombreux sont celles et ceux qui peinent sur le chemin. Confions-les, ainsi que tous les hommes, à la bonté infinie du Père.

℟ ***Dieu très bon, écoute nos appels.***

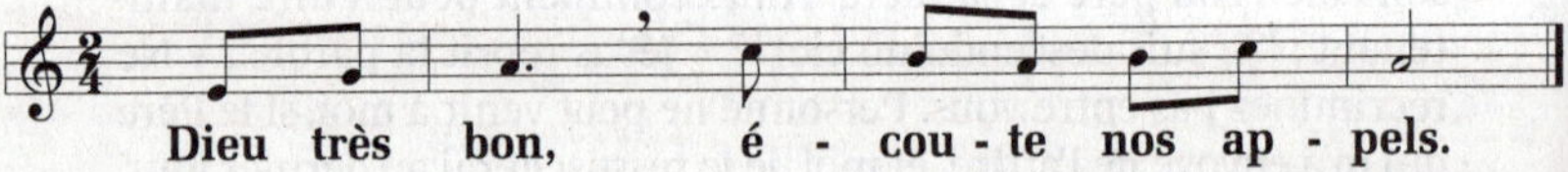

B 19 Musique et liturgie; T. et M. : Pape Gelase; T. : transcription J. Gelineau.

Le diacre ou un lecteur :

Prions pour l'Église du Christ. Qu'elle soit de plus en plus « en sortie » pour rejoindre les personnes en difficulté et qu'elle les réconforte avec tendresse. Père, nous t'en supplions. ℟

Prions pour les dirigeants politiques. Qu'ils soient au service de leur peuple et qu'ils se soucient des plus pauvres en leur révélant que le Seigneur les aime. Avec toute l'Église, Père, nous t'en supplions. ℟

Prions pour les populations souffrant de la faim, en particulier les enfants. Que l'Esprit Saint éclaire les pays les plus riches et réveille notre générosité. Père, nous t'en supplions. ℟

Prions pour le personnel des restaurants et des auberges, et pour tous ceux qui contribuent à nourrir le monde. Qu'ils aient les forces nécessaires à leur labeur au cours de ces mois d'été. Père, nous t'en supplions. ℟

(Ces intentions seront adaptées ou modifiées selon les circonstances.)

Le prêtre :

Dieu notre Père, que notre prière trouve grâce à tes yeux. Pour que tous les hommes vivent de ton amour, daigne exaucer nos demandes. Par le Christ, notre Seigneur. – ***Amen.***

LITURGIE EUCHARISTIQUE

Prière sur les offrandes

Accueille favorablement, Seigneur, ces présents que, dans ta miséricorde, tu as donnés à ton Église pour qu'elle puisse te les offrir; fais qu'ils deviennent, par ta puissance, le sacrement de notre salut. Par le Christ, notre Seigneur. – ***Amen.***

Prière eucharistique *(Préface des dimanches, p. 232)*

Chant de communion *(Suggestions p. 258)*

OU

Antienne de la communion

Glorifie le Seigneur, Jérusalem : de la fleur du froment, il te rassasie. (cf. Ps 147, 12.14)

OU Le pain que je donnerai, c'est ma chair,
donnée pour la vie du monde, dit le Seigneur. (Jn 6, 51)

Prière après la communion

Que cette communion à ton sacrement, Seigneur, nous procure le salut et qu'elle nous affermisse dans la lumière de ta vérité. Par le Christ, notre Seigneur. – ***Amen.***

RITE DE CONCLUSION

Bénédiction et envoi

COMMENTAIRE DU DIMANCHE

Karem Bustica, rédactrice en chef de *Prions en Église*

Le pain de l'âme

Selon le dernier bilan de la faim dans le monde, environ un tiers de la population mondiale s'est trouvé en situation d'insécurité alimentaire modérée ou grave en 2022. Manger et bien manger restent parmi nos préoccupations les plus importantes. Alors, quand Jésus se présente comme « le pain vivant descendu du ciel », en quoi cela peut-il nous concerner ?

Dieu nourrit ses serviteurs. De nombreux passages de l'Ancien Testament affirment ce trait caractéristique de Dieu : il donne à manger. La première lecture illustre cet aspect avec l'épisode d'Élie et l'ange du Seigneur, que l'on pourrait aussi appeler : « Dieu, une galette et une cruche d'eau ». Par deux fois, Dieu vient toucher ce prophète perdu, le confirmant dans sa mission. Fortifié par cette nourriture corporelle et spirituelle, •••

••• Élie se rend jusqu'à la montagne de Dieu. Dieu ne nous laisse pas mourir de faim. Nous avons besoin de nourriture physique et de nourriture spirituelle. Pour les contemporains de Jésus, cela ne fait aucun doute : l'homme ne vit pas seulement de pain. Aujourd'hui, c'est moins évident. La vie corporelle est presque systématiquement dissociée de la vie de l'âme. Nous vivons comme si la vie spirituelle n'existait pas. C'est pourquoi l'accueil de Jésus comme celui qui rassasie aussi notre vie spirituelle en la rendant immortelle est l'un des plus grands défis de notre foi. Qui est donc ce Jésus qui donne à manger aux foules ?

Que m'inspire le discours de Jésus sur le pain de vie ?

De quoi est-ce que je nourris ma vie spirituelle ? ■

CE QUE JE DÉCOUVRE

Quand tu as faim, tu mords dans un morceau de pain à pleines dents. Il te redonne des forces. Le pain dont Jésus parle, c'est pareil : tu le goûtes et, peu à peu, mystérieusement, il transforme ta vie.

Écoute aussi les paroles de Jésus. **La parole et le pain de Jésus sont les deux éléments d'un même repas : c'est le mystère de la messe.**

CE QUE JE VIS

As-tu déjà été un messager pour un ami, pour ta famille ? À quelle occasion ?

Quelle personne admires-tu (sans l'avoir rencontrée) parce qu'on t'en a parlé ?

Dessine la Terre et écris au milieu :

« Le pain que je donnerai, c'est ma chair, donnée pour la vie du monde. »

Texte : Frédéric Pascal. Illustrations : Marcelino Truong

MÉDITATION BIBLIQUE

19E DIMANCHE DU TEMPS ORDINAIRE

Premier livre des Rois 19, 4-8

Le buisson brûle-t-il ?

Le récit d'Élie nous donne à voir comment Dieu est au cœur de ce que notre quotidien a de plus concret.

Le temps de la préparation

« Je cherche le Seigneur, il me répond : de toutes mes frayeurs, il me délivre. » (Ps 33, 5)

Le temps de l'observation

Encore une histoire de désert. Encore une histoire de buisson. Encore un récit où un prophète fait tout pour sauver sa vie et échapper à la vengeance, la jalousie ou la mauvaise conscience du puissant du moment. La Bible se répéterait-elle ? Dieu ne ferait-il pas attention à ces personnes qui savent entendre plus finement sa parole et qui engagent leur vie à sa suite ? Et pourtant, rien n'est jamais exactement pareil. Ce buisson-là, contrairement à celui qui a permis à Moïse de faire un détour, ne brûle pas mais fait de l'ombre. Élie s'y endort pour reprendre des forces et oublier sa culpabilité de ne pas être à la hauteur des projections qu'il fait sur lui-même et de la violence qu'il subit. Le récit raconte ensuite comment l'ange l'invite à manger et à boire. Élie se nourrit et se rendort à l'ombre du buisson, qui ne brûle toujours pas. À première vue, il ne se passe pas grand-chose. Et pourtant…

Le temps de la méditation

La simplicité de cette histoire en dit long sur Dieu et, plus largement, sur sa révélation dans la vie humaine. Élie rencontre des problèmes existentiels : il ne se sent pas à la hauteur des enjeux de sa vie. Il ne trouve plus de sens à son existence, il souhaite que les choses s'arrêtent. Le Seigneur, le Dieu de l'univers, le rejoint là où il est, comme il l'a fait dans un autre récit pour Hagar et Ismaël fuyant devant la jalousie de Sarah. L'ange ne fait pas de grands discours à Élie. Il n'essaie pas de le convaincre de la beauté de son parcours ou du fait que la vie a un sens. À l'image du buisson qui ne brûle pas, Dieu se fait proche et accueillant. Comme le montre l'ange, tenir à la vie commence par le fait de reprendre des forces pour pouvoir se reposer, s'asseoir à l'ombre à l'abri de la puissance du soleil et partager un repas. Le goût de l'existence commence là et cela suffit parfois à rencontrer Dieu.

Le temps de la prière

« L'ange du Seigneur campe à l'entour pour libérer ceux qui le craignent. Goûtez et voyez : le Seigneur est bon ! Heureux qui trouve en lui son refuge ! » (Ps 33,8-9) ■

Marie-Laure Durand, bibliste

DES IMAGES POUR LA FOI

15 AOÛT : ASSOMPTION DE LA BIENHEUREUSE VIERGE MARIE

Entre toutes les femmes

Dans cette rencontre au bord du chemin, les gestes et les regards habitent un silence tout intérieur qui prépare au chant du Magnificat.

Accompagnée de sa servante, Élisabeth est allée au-devant de sa cousine, venue la visiter. Le regard de Marie et sa main délicatement posée sur son ventre nous font comprendre que la vie qui germe en elle est au cœur de leur rencontre. Les gestes attentifs d'Élisabeth expriment son émotion d'être témoin privilégié du salut de Dieu. Elle sait que « entre toutes les femmes », le Seigneur a choisi la plus humble. On la compare parfois aux fleurs de muguet (que l'on voit à ses pieds) dont les blanches corolles restent discrètement tournées vers la terre. Elle seule avait la capacité d'accueillir en son sein celui qui « élève les humbles » (Lc 1, 52). Assis à la porte de la ville (à droite, au second plan), Zacharie est éloigné de la scène principale : il a encore du chemin à faire avant de percevoir le sens des événements qui s'accomplissent. Le paysage et les constructions qui servent de cadre à cette Visitation rappellent ceux de l'Allemagne au XVe siècle. Le mystère du salut est pour toutes les époques ; comme le pèlerin que l'on reconnaît à son chapeau, sa gourde et son bourdon, nous sommes, nous aussi, invités à cheminer vers lui. ■ **Dominique Pierre**

Visitation (1485), Maître de la vie de Marie d'Aix-la-Chapelle, trésor de la cathédrale d'Aix-la-Chapelle (Allemagne).

Une prière *de Pierre Charland, pour ce dimanche*

Seigneur, tu es ma force

Seigneur Jésus, tu es ma force.
Je veux marcher en ta présence jusqu'à la demeure du Père.
Tu m'as sauvé et je t'appartiens ; sans toi je ne suis rien.
Donne-moi ton pain de vie qui protège de la mort.
Séduit par les attraits du monde, il m'arrive de te tourner
le dos et de m'éloigner de ta lumière. Mais loin de toi,
je flétris, je m'épuise, car toi seul connais mon cœur.
Certains jours, je fonce aveuglément, coupé du souffle
bienfaisant de ton Esprit. Je laisse la peur, l'angoisse
et le doute semer en moi tristesse et division.
Fortifie-moi de ta parole et nourris-moi de ta chair !
Enseigne-moi à vivre dans la vérité
et à aimer sans limites, ni arrière-pensée.
Tu es, Seigneur, le sens et l'horizon du chemin
qui conduit à notre maison !

LUNDI 12 AOÛT 2024

19ᴱ SEMAINE DU TEMPS ORDINAIRE COULEUR LITURGIQUE : VERT

Temps ordinaire, *suggestion d'oraisons et d'antiennes nº 34*
ou **sainte Jeanne-Françoise de Chantal,** *voir p. 96*

11 - 17

Antienne d'ouverture

Ce que dit le Seigneur, c'est la paix pour son peuple et ses fidèles, et pour ceux qui reviennent vers lui. (cf. Ps 84, 9)

Prière

Ranime, nous t'en prions, Seigneur, la volonté de tes fidèles, afin que, plus ardents à rechercher le fruit de l'action divine, ils obtiennent de ta bonté de plus puissants secours. Par Jésus… ***— Amen.***

Lecture

du livre du prophète Ézékiel (1, 2-6.24-28c)

« C'était l'aspect, la forme de la gloire du Seigneur »

Le cinq du mois, la cinquième année de la déportation du roi Jékonias, la parole de Dieu fut adressée à Ézékiel, fils du prêtre Bouzi, dans le pays des Chaldéens, au bord du fleuve Kebar. La main du Seigneur se posa sur lui. J'ai vu : un vent de tempête venant du nord, un gros nuage, un feu jaillissant et, autour, une clarté ; au milieu, comme un scintillement de vermeil du milieu du feu. Au milieu, la forme de quatre Vivants ; elle paraissait une forme humaine. Ils avaient chacun quatre faces et chacun quatre ailes. J'entendis le bruit de leurs ailes,

pareil, quand ils marchaient, au bruit des grandes eaux, pareil à la voix du Puissant, une rumeur comme celle d'une armée. Lorsqu'ils s'arrêtaient, ils laissaient retomber leurs ailes. On entendit un bruit venant de plus haut que le firmament qui était au-dessus de leurs têtes. Au-dessus de ce firmament, il y avait une forme de trône, qui ressemblait à du saphir ; et, sur ce trône, quelqu'un qui avait l'aspect d'un être humain, au-dessus, tout en haut. Puis j'ai vu comme un scintillement de vermeil, comme l'aspect d'un feu qui l'enveloppait tout autour, à partir de ce qui semblait être ses reins et au-dessus. À partir de ce qui semblait être ses reins et au-dessous, j'ai vu comme l'aspect d'un feu et, autour, une clarté. Comme l'arc apparaît dans la nuée un jour de pluie, ainsi cette clarté à l'entour : c'était l'aspect, la forme de la gloire du Seigneur. À cette vue, je tombai face contre terre.

– Parole du Seigneur.

Psaume 148

℟ ***Le ciel et la terre sont remplis de ta gloire.*** OU ***Alléluia.***

Louez le Seigneur du haut des cieux,
louez-le dans les hauteurs.
Vous, tous ses anges, louez-le,
louez-le, tous les univers. ℟

Les rois de la terre et tous les peuples,
les princes et tous les juges de la terre ;
tous les jeunes gens et jeunes filles,
les vieillards comme les enfants. ℟

Qu'ils louent le nom du Seigneur,
le seul au-dessus de tout nom ;
sur le ciel et sur la terre, sa splendeur :
louange de tous ses fidèles. ℟

Acclamation de l'Évangile

Alléluia. Alléluia. Par l'annonce de l'Évangile, Dieu vous appelle à partager la gloire de notre Seigneur Jésus Christ. ***Alléluia.***

Évangile de Jésus Christ

selon saint Matthieu (17, 22-27)

« Ils le tueront et, le troisième jour, il ressuscitera. Les fils sont libres de l'impôt »

En ce temps-là, comme Jésus et les disciples étaient réunis en Galilée, il leur dit : « Le Fils de l'homme va être livré aux mains des hommes ; ils le tueront et, le troisième jour, il ressuscitera. » Et ils furent profondément attristés. Comme ils arrivaient à Capharnaüm, ceux qui perçoivent la redevance des deux drachmes pour le Temple vinrent trouver Pierre et lui dirent : « Votre maître paye bien les deux drachmes, n'est-ce pas ? » Il répondit : « Oui. » Quand Pierre entra dans la maison, Jésus prit la parole le premier : « Simon, quel est ton avis ? Les rois de la terre, de qui perçoivent-ils les taxes ou l'impôt ? De leurs fils, ou des autres personnes ? » Pierre lui répondit : « Des autres. » Et Jésus reprit : « Donc, les fils sont libres. Mais, pour ne pas scandaliser* les gens, va donc jusqu'à la mer, jette l'hameçon, et saisis le premier poisson qui mordra ; ouvre-lui la bouche, et tu y trouveras une pièce de quatre drachmes. Prends-la, tu la donneras pour moi et pour toi. »

Prière sur les offrandes

Accueille, Seigneur, les dons très saints que tu nous as demandé de consacrer à ton nom ; et pour qu'ils nous disposent à te plaire, fais-nous toujours obéir à tes commandements. Par le Christ, notre Seigneur. **— *Amen.***

Antienne de la communion

Louez le Seigneur, tous les peuples :
sa miséricorde envers nous
s'est montrée la plus forte.
(cf. Ps 116, 1-2)

OU

Je suis avec vous tous les jours,
jusqu'à la fin du monde,
dit le Seigneur.
(Mt 28, 20)

Prière après la communion

Nous t'en supplions, Dieu tout-puissant : ne permets pas que soient jamais séparés de toi ceux qui ont la joie de participer à ta vie divine. Par le Christ, notre Seigneur. **— *Amen.***

INVITATION

Aujourd'hui s'ouvre la 151e édition du Pèlerinage national, à Lourdes. Prions pour les pèlerins, et pour toute la famille de l'Assomption qui les accompagne !

COMMENTAIRE

Double réalité de Dieu Ézékiel 1, 2-6.24-28c ; Matthieu 17, 22-27

Avec le prophète visionnaire, nous sommes éblouis par celui qui a « l'aspect d'un être humain », nimbé de gloire. Mais comment reconnaître sous les traits du Fils d'homme, acceptant de payer l'impôt au Temple, le Seigneur des mondes ? La tension entre ces images révèle l'humilité de Dieu, consentant à se faire l'un de nous. Une double réalité à méditer pour approcher l'insondable mystère de Jésus. Frémissement d'adoration. ■

***Bénédicte de la Croix**, cistercienne*

❊ CLÉ DE LECTURE

« Scandaliser » Matthieu 17, 27 *(p. 93)*

Ce texte plein d'humour utilise le merveilleux pour aborder une question grave. Avant 70, les Juifs fidèles envoyaient un impôt annuel, le didrachme, au Temple de Jérusalem. Jésus et ses disciples y étaient soumis. Mais la question de Pierre, qui reflète celle des premiers groupes chrétiens, montre que la venue du règne de Dieu en Jésus remet en cause le système du Temple. Reconnus pleinement fils de Dieu, et donc totalement libres de toute autre obligation religieuse, pourquoi les disciples paieraient-ils cet impôt ? Jésus répond fermement : oui, la liberté des disciples est totale. Mais il sourit et accueille plus large. Si cela est possible, à quoi bon scandaliser ceux qui n'ont pas reçu la nouvelle inouïe que tous sont des enfants aimés de Dieu ? ■

***Roselyne Dupont-Roc**, bibliste*

Sainte Jeanne-Françoise de Chantal

Couleur liturgique : blanc

1572-1641. Veuve à 28 ans, elle se mit sous la direction spirituelle de saint François de Sales. Avec lui, elle fonda, en 1610 à Annecy, l'ordre de la Visitation (les Visitandines).

Antienne d'ouverture

Le Seigneur l'a fiancée à lui
pour toujours, dans la fidélité
et la miséricorde. (cf. Os 2, 21)

Prière

Seigneur Dieu, en sainte Jeanne-Françoise de Chantal tu as fait resplendir une remarquable sainteté par divers chemins de vie ; à sa prière, accorde-nous de progresser dans la fidélité à notre vocation et ainsi de rayonner sans cesse de ta lumière. Par Jésus Christ… – ***Amen.***

Prière sur les offrandes

Dieu de grande bonté, en sainte Jeanne-Françoise de Chantal, tu as détruit l'homme ancien pour créer un homme nouveau à ton image ; accorde-nous d'être renouvelés comme elle, afin que nous puissions te plaire en t'offrant ce sacrifice qui nous réconcilie avec toi. Par le Christ, notre Seigneur. – ***Amen.***

Antienne de la communion

Le Seigneur est mon partage,
il est bon pour l'âme qui le cherche.
(cf. Lm 3, 24-25)

Prière après la communion

Par la puissance de ce sacrement, Seigneur, nous te prions : conduis-nous sans cesse dans la voie de ton amour, comme tu fis pour sainte Jeanne-Françoise de Chantal ; l'œuvre de bonté que tu as entreprise en nous, poursuis-la jusqu'au jour du Christ Jésus. Lui qui vit… – ***Amen.***

MARDI 13 AOÛT 2024

19E SEMAINE DU TEMPS ORDINAIRE COULEUR LITURGIQUE : VERT

Temps ordinaire, *suggestion d'oraisons et d'antiennes n° 1*
ou **saint Pontien et saint Hippolyte**

11 - 17

Antienne d'ouverture

J'ai vu un homme qui siégeait sur un trône élevé ;
la multitude des anges l'adore en chantant d'une seule voix :
« Voici celui dont l'empire a un nom éternel. »

Prière

Aux appels de ton peuple en prière, réponds, Seigneur, en ta tendresse : donne à chacun la claire vision de ce qu'il doit faire et la force de l'accomplir. Par Jésus…

— Amen.

Lecture

du livre du prophète Ézékiel (2, 8 – 3, 4)

« Il me fit manger le rouleau et dans ma bouche il fut doux comme du miel »

Voici les paroles que dit le Seigneur : « Toi, fils d'homme, écoute ce que je te dis. Ne sois pas rebelle comme cette engeance de rebelles. Ouvre la bouche, et mange ce que je te donne. » Alors j'ai vu : une main tendue vers moi, tenant un livre en forme de rouleau. Elle le déroula devant moi ; ce rouleau était écrit au-dedans et au-dehors, rempli de lamentations, plaintes et clameurs.

Le Seigneur me dit : « Fils d'homme, ce qui est devant toi, mange-le,

mange ce rouleau ! Puis, va ! Parle à la maison d'Israël. » J'ouvris la bouche, il me fit manger le rouleau et il me dit : « Fils d'homme, remplis ton ventre, rassasie tes entrailles avec ce rouleau que je te donne. » Je le mangeai, et dans ma bouche il fut doux comme du miel. Il me dit alors : « Debout, fils d'homme ! Va vers la maison d'Israël, et dis-lui mes paroles. »

– Parole du Seigneur.

Psaume 118 (119)

℟ ***Qu'elle est douce à mon palais, ta promesse !***

Je trouve dans la voie de tes exigences
plus de joie que dans toutes les richesses.
Je trouve mon plaisir en tes exigences :
ce sont elles qui me conseillent. ℟

Mon bonheur, c'est la loi de ta bouche,
plus qu'un monceau d'or ou d'argent.
Qu'elle est douce à mon palais, ta promesse :
le miel a moins de saveur dans ma bouche ! ℟

Tes exigences resteront mon héritage,
la joie de mon cœur.
La bouche grande ouverte, j'aspire,
assoiffé de tes volontés. ℟

Acclamation de l'Évangile

Alléluia. Alléluia. Prenez sur vous mon joug, devenez mes disciples, dit le Seigneur, car je suis doux et humble de cœur. ***Alléluia.***

Évangile de Jésus Christ

selon saint Matthieu (18, 1-5.10.12-14)

« Gardez-vous de mépriser un seul de ces petits »

À ce moment-là, les disciples s'approchèrent de Jésus et lui dirent : « Qui donc est le plus grand dans le royaume des Cieux ? » Alors Jésus appela un petit enfant ; il le plaça au milieu d'eux, et il déclara : « Amen, je vous le dis : si vous ne changez pas pour devenir comme les enfants, vous n'entrerez pas dans le royaume des Cieux. Mais celui qui se fera petit comme cet enfant, celui-là est le plus grand dans le royaume des Cieux. Et celui qui accueille un enfant comme celui-ci en mon nom, il m'accueille, moi. Gardez-vous de mépriser un seul de ces petits, car, je vous le dis, leurs anges dans les cieux voient sans cesse la face de mon Père qui est aux cieux.

« Quel est votre avis ? Si un homme possède cent brebis et que l'une d'entre elles s'égare, ne va-t-il pas laisser les 99 autres dans la montagne pour partir à la recherche de la brebis égarée ? Et, s'il arrive à la retrouver, amen, je vous le dis : il se réjouit pour elle plus que pour les 99 qui ne se sont pas égarées. Ainsi, votre Père qui est aux cieux ne veut pas qu'un seul de ces petits soit perdu. »

Prière sur les offrandes

Que l'offrande de ton peuple te soit agréable, nous t'en prions, Seigneur : qu'elle le fasse grandir en sainteté, et lui obtienne ce qu'il demande avec ferveur. Par le Christ, notre Seigneur. — ***Amen.***

Antienne de la communion

Seigneur, en toi est la source
de vie ; par ta lumière,
nous voyons la lumière.
(Ps 35, 10)

OU

Je suis venu pour qu'ils aient la vie,
la vie en abondance, dit le Seigneur.
(Jn 10, 10)

Prière après la communion

Dieu tout-puissant, nous t'en supplions : tu refais nos forces par tes sacrements, donne-nous aussi de pouvoir dignement te servir par une vie qui te plaise. Par le Christ, notre Seigneur. — ***Amen.***

INVITATION

« Votre Père qui est aux cieux ne veut pas qu'un seul de ces petits soit perdu. »
Je confie à Marie les enfants de mon entourage.

COMMENTAIRE

Manger la Parole Ézékiel 2, 8 – 3, 4

À première vue, le Seigneur convie Ézékiel à faire une curieuse expérience : manger le rouleau des Écritures ! N'est-ce pas ce que nous faisons chaque fois que nous écoutons de tout notre être la parole de Dieu ? À l'instar des aliments qui nous nourrissent, elle opère notre transformation : la Parole convertit notre cœur de pierre en cœur de chair. Elle nous institue traducteurs interprètes des mots de l'Esprit. ■

Bénédicte de la Croix, *cistercienne*

Saint Maximilien-Marie Kolbe

1894-1941. Franciscain polonais. Le père Kolbe, détenu au camp d'extermination d'Auschwitz, offrit sa vie à la place d'un autre déporté, père de famille. Canonisé en 1982.

Antienne d'ouverture

Venez, les bénis de mon Père. Amen, je vous le dis :
tout ce que vous avez fait à l'un de ces plus petits de mes frères,
c'est à moi que vous l'avez fait. (Mt 25, 34.40)

Prière

Seigneur Dieu, tu as mis au cœur de saint Maximilien-Marie, prêtre et martyr, un ardent amour pour la Vierge immaculée, un grand souci des âmes et une vive charité pour le prochain ; accorde-nous, à son intercession, de nous dépenser pour ta gloire dans le service des autres et ainsi d'être, jusqu'à la mort, configurés à ton Fils. Lui qui… ***— Amen.***

Lecture

du livre du prophète Ézékiel (9, 1-7 ; 10, 18-22)

« Marque d'une croix au front ceux qui gémissent sur toutes les abominations qu'on commet à Jérusalem »

J'entendis le Seigneur Dieu me crier d'une voix forte : « Ils sont tout proches, les châtiments de Jérusalem, et chacun tient à la main son arme de mort. » Alors six hommes s'avancèrent, venant de la porte supérieure, celle qui est du côté nord. Chacun tenait à la main son arme

de destruction. Au milieu d'eux, un homme, vêtu de lin, portant à la ceinture une écritoire de scribe. Ils s'avancèrent, et s'arrêtèrent près de l'autel de bronze. La gloire du Dieu d'Israël s'éleva au-dessus des Kéroubim où elle reposait, et se dirigea vers le seuil de la maison du Seigneur. Alors le Seigneur appela l'homme vêtu de lin, portant à la ceinture une écritoire de scribe. Il lui dit : « Passe à travers la ville, à travers Jérusalem, et marque d'une croix au front ceux qui gémissent et qui se lamentent sur toutes les abominations qu'on y commet. »

Puis j'entendis le Seigneur dire aux autres : « Passez derrière lui à travers la ville, et frappez. N'ayez pas un regard de pitié, n'épargnez personne : vieillards et jeunes gens, jeunes filles, enfants, femmes, tuez-les, exterminez-les. Mais tous ceux qui sont marqués au front, ne les touchez pas. Commencez l'extermination par mon sanctuaire. » Ils commencèrent donc par les vieillards qui adoraient les idoles à l'entrée de la maison du Seigneur. Le Seigneur ajouta : « Rendez impure cette Maison, emplissez les cours de cadavres, puis sortez ! » Ils sortirent donc et frappèrent à travers la ville.

La gloire du Seigneur quitta le seuil de la Maison et s'arrêta au-dessus des Kéroubim. Ceux-ci déployèrent leurs ailes ; je les vis partir en s'élevant de terre, et les roues avec eux. Ils s'arrêtèrent à l'entrée de la porte orientale de la maison du Seigneur ; la gloire du Dieu d'Israël était au-dessus d'eux. C'étaient les Vivants que j'avais vus au-dessous du Dieu d'Israël, près du fleuve Kebar, et je reconnus que c'étaient des Kéroubim. Chacun avait quatre faces et quatre ailes, et une forme de mains humaines sous ses ailes. Leurs faces étaient semblables

aux faces que j'avais vues près du fleuve Kebar ; tel était leur aspect. Chacun allait droit devant lui.
– Parole du Seigneur.

Psaume 112 (113)

℟ ***La gloire du Seigneur domine les cieux.***
OU ***Alléluia !***

Louez, serviteurs du Seigneur,
louez le nom du Seigneur !
Béni soit le nom du Seigneur,
maintenant et pour les siècles des siècles ! ℟

Du levant au couchant du soleil,
loué soit le nom du Seigneur !
Le Seigneur domine tous les peuples,
sa gloire domine les cieux. ℟

Qui est semblable au Seigneur notre Dieu ?
Lui, il siège là-haut.
Mais il abaisse son regard
vers le ciel et vers la terre. ℟

Acclamation de l'Évangile

Alléluia. Alléluia. Dans le Christ, Dieu réconciliait le monde avec lui : il a mis dans notre bouche la parole de la réconciliation. ***Alléluia.***

Évangile de Jésus Christ

selon saint Matthieu (18, 15-20)

« S'il t'écoute, tu as gagné ton frère »

En ce temps-là, Jésus disait à ses disciples : « Si ton frère a commis un péché contre toi, va lui faire des reproches seul à seul. S'il t'écoute, tu as gagné ton frère. S'il ne t'écoute pas, prends en plus avec toi une ou deux personnes afin que toute l'affaire soit réglée sur la parole de deux ou trois témoins. S'il refuse de les écouter, dis-le à l'assemblée de l'Église ; s'il refuse encore d'écouter l'Église, considère-le comme un païen et un publicain. Amen, je vous le dis : tout ce que vous aurez lié sur la terre sera lié dans le ciel, et tout ce que vous aurez délié sur la terre sera délié dans le ciel.

« Et pareillement, amen, je vous le dis, si deux d'entre vous sur la terre se mettent d'accord pour demander quoi que ce soit, ils l'obtiendront de mon Père qui est aux cieux. En effet, quand deux ou trois sont réunis en mon nom, je suis là, au milieu d'eux. »

Prière sur les offrandes

En te présentant cette offrande, Seigneur, nous te prions humblement : apprends-nous à t'offrir notre vie à l'exemple de saint Maximilien-Marie. Par le Christ, notre Seigneur. **— *Amen.***

Antienne de la communion

Il n'y a pas de plus grand amour que de donner sa vie
pour ses amis, dit le Seigneur. (Jn 15, 13)

Prière après la communion
Nous t'en prions, Seigneur, toi qui refais nos forces par le corps et le sang de ton Fils, allume en nous le feu de la charité que saint Maximilien-Marie recueillait dans ce repas. Par le Christ, notre Seigneur. — ***Amen.***

INVITATION

Je peux me demander ce qui est lié dans ma vie et ce qu'il convient de délier. Si je le peux, je me réconcilie aujourd'hui même avec une personne avec qui la relation a été rompue.

COMMENTAIRE

Au milieu du bunker

Matthieu 18, 15-20

« Quand deux ou trois sont réunis en mon nom, je suis là, au milieu d'eux. » Cette affirmation de Jésus trouve un écho dans la mort consentie du père Maximilien-Marie Kolbe. Prenant la place d'un père de famille, le franciscain polonais s'offre pour partir dans le bunker de la faim entouré de neuf autres victimes. Au fil de longs jours d'agonie, il incarnera pour ses compagnons le visage du Christ, aimant les siens jusqu'à l'extrême. ■

Bénédicte de la Croix, *cistercienne*

JEUDI 15 AOÛT 2024

ASSOMPTION DE LA VIERGE MARIE

ANNÉE B – COULEUR LITURGIQUE : BLANC

« Quand Élisabeth entendit la salutation de Marie, l'enfant tressaillit en elle. » Luc 1, 41

La joie grandit quand elle se partage. Tel est le joyeux message que nous adressent aujourd'hui deux futures mamans, Marie et Élisabeth. Plus encore que ces cousines, ce sont leurs bébés qui « tressaillent », bondissent d'allégresse. C'est à eux qu'il nous faut configurer nos cœurs. Habités par l'Esprit de nos baptêmes, soyons témoins de joie.

RITES INITIAUX

Chant d'entrée *(Suggestions p. 258)*

OU

Antienne d'ouverture

Un signe grandiose apparut dans le ciel :
une femme, ayant le soleil pour manteau, la lune sous les pieds
et, sur la tête, une couronne de douze étoiles. (cf. Ap 12, 1)

OU

Tous ensemble, réjouissons-nous dans le Seigneur,
célébrons ce jour de fête en l'honneur de la Vierge Marie.
Les anges se réjouissent avec nous de son Assomption dans le ciel
et proclament les louanges du Fils de Dieu.

Suggestion de préparation pénitentielle *(ou p. 226)*

Comme Marie élevée dans la gloire de son Fils, nous sommes en marche vers la joie éternelle. Fortifiés dans l'espérance de l'éternité, demandons pardon au Seigneur pour tous nos péchés.

Seigneur Jésus, envoyé par le Père, toi qui as pris chair de la Vierge Marie, tu viens habiter nos cœurs. Kyrie, eleison. ***– Kyrie, eleison.***

Ô Christ, homme nouveau, toi qui as vaincu la mort pour nous donner la vie, tu affermis notre foi. Christe, eleison.
– Christe, eleison.

Seigneur, gloire éternelle du Père, toi qui accueilles Marie près de toi, tu nous ouvres à la vraie joie. Kyrie, eleison. ***– Kyrie, eleison.***

Que Dieu tout-puissant nous fasse miséricorde ; qu'il nous pardonne nos péchés et nous conduise à la vie éternelle. **– *Amen.***

Gloire à Dieu *(p. 228)*

Prière

Dieu éternel et tout-puissant, tu as élevé jusqu'à la gloire du ciel, dans son âme et son corps, Marie, la Vierge immaculée, la Mère de ton Fils ; fais que, toujours tendus vers les réalités d'en haut, nous obtenions de partager sa gloire. Par Jésus… **– *Amen.***

LITURGIE DE LA PAROLE

Lectures propres à la solennité de l'Assomption de la Vierge Marie.

Lecture de l'Apocalypse de saint Jean (11, 19a ; 12, 1-6a.10ab)

« Une Femme, ayant le soleil pour manteau et la lune sous les pieds »

Le sanctuaire de Dieu, qui est dans le ciel, s'ouvrit, et l'arche de son Alliance apparut dans le Sanctuaire. Un grand signe apparut dans le ciel : une Femme, ayant le soleil pour manteau, la lune sous les pieds, et sur la tête une couronne de douze étoiles. Elle est enceinte, elle crie, dans les douleurs et la torture d'un enfantement. Un autre signe apparut dans le ciel : un grand Dragon, rouge feu, avec sept têtes et dix cornes, et, sur chacune des sept têtes, un diadème. Sa queue, entraînant le tiers des étoiles du ciel, les précipita sur la terre. Le Dragon vint se poster devant la Femme qui allait enfanter, afin de dévorer l'enfant dès sa naissance. Or, elle mit au monde un fils, un enfant mâle, celui qui sera le berger de toutes les nations, les conduisant avec un sceptre de fer. L'enfant fut enlevé jusqu'auprès de Dieu et de son Trône, et la Femme s'enfuit au désert, où Dieu lui a préparé une place. Alors j'entendis dans le ciel une voix forte, qui proclamait : « Maintenant voici le salut, la puissance et le règne de notre Dieu, voici le pouvoir de son Christ ! » – Parole du Seigneur.

Psaume 44 (45)

℟ ***Debout, à la droite du Seigneur, se tient la reine, toute parée d'or.***

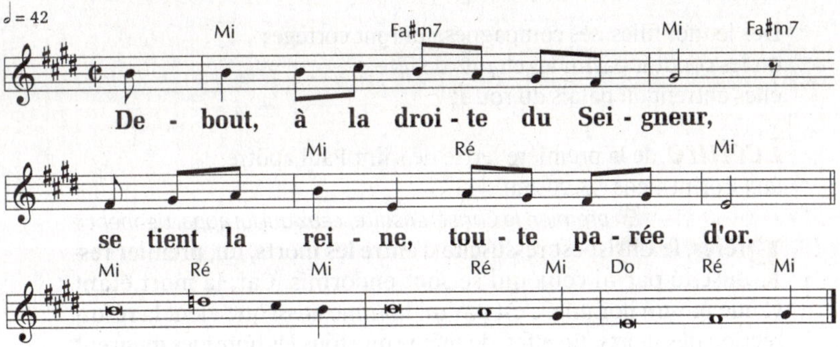

T. : AELF ; M. : G. Previdi ; Éd. : ADF.

℟ ***Debout, à la droite du Seigneur, se tient la reine, toute parée d'or.***

Écoute, ma fille, regarde et tends l'oreille ;
oublie ton peuple et la maison de ton père :
le roi sera séduit par ta beauté. ℟

Il est ton Seigneur : prosterne-toi devant lui.
Alors, les plus riches du peuple,
chargés de présents, quêteront ton sourire. ℟

Fille de roi, elle est là, dans sa gloire,
vêtue d'étoffes d'or ;
on la conduit, toute parée, vers le roi. ℟

Retrouvez ce psaume sur le CD "Les psaumes de l'année B"

Des jeunes filles, ses compagnes, lui font cortège ;
on les conduit parmi les chants de fête :
elles entrent au palais du roi. ℟

Lecture de la première lettre de saint Paul apôtre aux Corinthiens (15, 20-27a)

« En premier, le Christ ; ensuite, ceux qui lui appartiennent »

Frères, le Christ est ressuscité d'entre les morts, lui, premier ressuscité parmi ceux qui se sont endormis. Car, la mort étant venue par un homme, c'est par un homme aussi que vient la résurrection des morts. En effet, de même que tous les hommes meurent en Adam, de même c'est dans le Christ que tous recevront la vie, mais chacun à son rang : en premier, le Christ, et ensuite, lors du retour du Christ, ceux qui lui appartiennent. Alors, tout sera achevé, quand le Christ remettra le pouvoir royal à Dieu son Père, après avoir anéanti, parmi les êtres célestes, toute Principauté, toute Souveraineté et Puissance. Car c'est lui qui doit régner jusqu'au jour où Dieu aura mis sous ses pieds tous ses ennemis. Et le dernier ennemi qui sera anéanti, c'est la mort, car il a tout mis sous ses pieds. – Parole du Seigneur.

Acclamation de l'Évangile

Alléluia. Alléluia. Aujourd'hui s'est ouverte la porte du paradis : Marie est entrée dans la gloire de Dieu ; exultez dans le ciel, tous les anges ! ***Alléluia.***

U 76-99 ; T. : AELF ; M. : P. Robert ; ADF-Musique.

Évangile de Jésus Christ selon saint Luc (1, 39-56)

« Le Puissant fit pour moi des merveilles : il élève les humbles »

En ces jours-là, Marie se mit en route et se rendit avec empressement vers la région montagneuse, dans une ville de Judée. Elle entra dans la maison de Zacharie et salua Élisabeth. Or, quand Élisabeth entendit la salutation de Marie, l'enfant tressaillit en elle. Alors, Élisabeth fut remplie d'Esprit Saint, et s'écria d'une voix forte : « Tu es bénie entre toutes les femmes, et le fruit de tes entrailles est béni. D'où m'est-il donné que la mère de mon Seigneur vienne jusqu'à moi ? Car, lorsque tes paroles de salutation sont parvenues à mes oreilles, l'enfant a tressailli d'allégresse en moi. Heureuse celle qui a cru à l'accomplissement des paroles qui lui furent dites de la part du Seigneur. » Marie dit alors : « Mon âme exalte le Seigneur, exulte mon esprit en Dieu, mon Sauveur ! Il s'est penché sur son humble servante ; désormais tous les âges me diront bienheureuse. Le Puissant fit pour moi des merveilles ; Saint est son nom ! Sa miséricorde s'étend d'âge en âge sur ceux qui le craignent. Déployant la force de son bras, il disperse les superbes. Il renverse les puissants de leurs trônes, il élève les humbles. Il comble de biens les affamés, renvoie les riches les mains vides. Il relève Israël son serviteur, il se souvient de son amour, de la promesse faite à nos pères, en faveur d'Abraham et sa descendance à jamais. » Marie resta avec Élisabeth environ trois mois, puis elle s'en retourna chez elle.

Homélie

Profession de foi (p. 229)

Suggestion de prière universelle

Le prêtre :

Marie, Mère du Christ, est aussi Mère de l'Église et Mère des hommes. Confiants en sa maternelle tendresse, prions le Père pour tous nos frères et sœurs.

℟ ***Avec Marie ta mère, nous te supplions.***

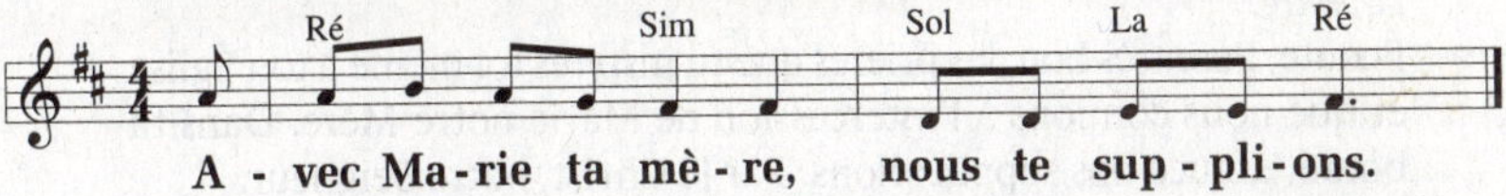

Bayard Liturgie; M. : M. Wackenheim.

Le diacre ou un lecteur :

La grande fête de ce jour est largement célébrée dans les sanctuaires dédiés à Marie comme Lourdes, qui rassemble la grande famille de l'Assomption. Pour que les pèlerins de ces moments de fête soient comblés de joie, prions ensemble. ℟

La fête et les vacances ne doivent pas nous faire oublier le monde et ses difficultés. Pour que les dirigeants politiques aient le souci du bien commun et de la dignité de tout homme, prions ensemble. ℟

℟ ***Avec Marie ta mère, nous te supplions.***

En contemplant la Visitation de Marie à sa cousine Élisabeth, nous pensons aux personnes malades et aux personnes fragiles. Pour qu'elles soient visitées par leur famille et par des chrétiens qui les réconfortent, prions ensemble. ℟

Comme Marie clamant son bonheur à Élisabeth, ne gardons pas pour nous la joie d'être amis du Seigneur. Pour que cette célébration renouvelle en nous le désir de communiquer autour de nous la joie de l'Évangile, prions ensemble. ℟

(Ces intentions seront adaptées ou modifiées selon les circonstances.)

Le prêtre :

Écoute, Père très bon, les prières que tu inspires toi-même à ton Église et que nous confions à l'intercession de Marie notre Mère. Dans ta bonté, exauce nos supplications. Par le Christ, notre Seigneur.

— Amen.

LITURGIE EUCHARISTIQUE

Prière sur les offrandes

Que monte vers toi, Seigneur, l'offrande que nous te présentons avec ferveur ; et tandis qu'intercède pour nous la bienheureuse Vierge Marie élevée au ciel, que nos cœurs, brûlants de charité, aspirent toujours à monter vers toi. Par le Christ, notre Seigneur.

— Amen.

Prière eucharistique *(Préface de l'Assomption de la Vierge Marie)*
Vraiment, il est juste et bon, pour ta gloire et notre salut, de t'offrir notre action de grâce, toujours et en tout lieu, Seigneur, Père très saint, Dieu éternel et tout-puissant, par le Christ, notre Seigneur. Aujourd'hui, la Vierge Marie, la Mère de Dieu, est élevée au ciel. Elle est le commencement et l'image de ce que deviendra ton Église en sa plénitude, elle est signe d'espérance et source de réconfort pour ton peuple encore en chemin. Ainsi tu n'as pas voulu qu'elle connaisse la corruption du tombeau, elle qui a porté dans sa chair ton propre Fils et mis au monde d'une manière incomparable l'auteur de la vie. C'est pourquoi, unissant nos voix à celles des anges, nous te louons dans la joie en proclamant : ***Saint ! Saint ! Saint...***

Chant de communion *(Suggestions p. 258)*
OU
Antienne de la communion
Tous les âges me diront bienheureuse :
le Puissant fit pour moi des merveilles. (cf. Lc 1, 48-49)

Prière après la communion
Nous avons reçu, Seigneur, le sacrement qui nous sauve ; par l'intercession de la bienheureuse Vierge Marie élevée au ciel, accorde-nous de parvenir à la gloire de la résurrection. Par le Christ, notre Seigneur. ***— Amen.***

RITE DE CONCLUSION

Bénédiction solennelle

Dans sa bienveillance, Dieu a voulu sauver le genre humain par son Fils, né de la bienheureuse Vierge Marie ; qu'il vous comble de sa bénédiction.

– Amen.

Puissiez-vous ressentir toujours et partout la protection de celle qui vous a permis de recevoir l'auteur de la vie.

– Amen.

Vous qui êtes rassemblés aujourd'hui avec ferveur, repartez dans la joie de l'Esprit et l'espérance du ciel.

– Amen.

Et que la bénédiction de Dieu tout-puissant, le Père, et le Fils, ✠ et le Saint-Esprit, descende sur vous et y demeure toujours.

– Amen.

Envoi

COMMENTAIRE DE L'ASSOMPTION

Jean-Paul Sagadou, prêtre assomptionniste,
rédacteur en chef de *Prions en Église* Afrique

L'Assomption : fête de l'espérance

La résurrection de Jésus Christ est le fondement de notre espérance. Nous croyons que nous ressusciterons, nous aussi, par la grâce de Dieu. La fête de l'Assomption signifie que cette espérance est accomplie pour Marie. Dieu lui a fait la grâce de la « résurrection de la chair » en l'élevant, avec son corps et son âme, à la gloire du ciel. Elle a ainsi bénéficié, sans connaître la corruption du tombeau, de ce qui est promis à tout croyant : l'élévation auprès de Dieu et de son Fils, dans la gloire du ciel. Marie le proclame dans le Magnificat : « Dieu élève les humbles ! » Car ils lui ressemblent, lui qui s'est fait homme, s'abaissant pour servir les hommes. À travers son Fils Jésus, Dieu est entré en fraternité et en amitié avec les hommes. Dieu ne se reconnaît pas en ceux qui s'élèvent, mais en ceux qui s'abaissent, et c'est •••

••• ceux-là qu'il élève, qu'il fait « monter » au ciel, comme il l'a fait pour Marie. Ce qui est arrivé à Marie, par anticipation, arrivera à tous les croyants. C'est pourquoi le concile Vatican II la célèbre comme la figure de notre espérance : « De même qu'au ciel la Mère de Jésus, déjà glorifiée corps et âme, représente l'image et les prémices de l'Église qui doit connaître son achèvement dans le siècle à venir, de même sur cette terre, jusqu'à ce que vienne le jour du Seigneur, elle brille comme un signe d'espérance assurée et de consolation devant le peuple de Dieu en marche » *(Lumen Gentium,* 68).

En quoi l'Assomption est-elle une fête de l'espérance pour moi ?
« Dieu élève les hommes ! » Quels sont les moyens à mettre en œuvre pour cultiver l'humilité dans ma vie ? ■

Une prière

Je vous salue Marie

Je vous salue, Marie, pleine de grâce ;
le Seigneur est avec vous.
Vous êtes bénie entre toutes les femmes,
et Jésus, le fruit de vos entrailles, est béni.

Sainte Marie, Mère de Dieu,
priez pour nous pauvres pécheurs,
maintenant et à l'heure de notre mort.
Amen.

VENDREDI 16 AOÛT 2024

19E SEMAINE DU TEMPS ORDINAIRE COULEUR LITURGIQUE : VERT

Temps ordinaire, *suggestion d'oraisons et d'antiennes n° 2*
ou **saint Étienne de Hongrie**

Antienne d'ouverture

Toute la terre se prosterne devant toi,
qu'elle chante pour toi, qu'elle chante
un psaume pour ton nom, Dieu très-haut.
(cf. Ps 65, 4)

Prière

Dieu éternel et tout-puissant, qui régis et le ciel et la terre, exauce, en ta bonté, les supplications de ton peuple et donne à notre temps la paix qui vient de toi. Par Jésus… ***— Amen.***

Lecture

du livre du prophète Ézékiel (16, 1-15.60.63)

« Ta beauté était parfaite, grâce à ma splendeur dont je t'avais revêtue. Mais tu t'es prostituée »

La parole du Seigneur me fut adressée : « Fils d'homme, fais connaître à Jérusalem ses abominations. Tu diras : Ainsi parle le Seigneur Dieu à Jérusalem : Par tes origines et ta naissance, tu es du pays de Canaan. Ton père était un Amorite, et ta mère, une Hittite. À ta naissance, le jour où tu es née, on ne t'a pas coupé le cordon, on ne t'a pas plongée dans l'eau pour te nettoyer, on ne t'a pas frottée de sel, ni enveloppée de langes. Aucun regard de pitié pour toi, personne pour te donner le moindre de ces soins, par compassion. On t'a jetée en plein champ, avec dégoût, le jour de ta naissance. Je suis passé près de toi, et je t'ai vue te débattre dans ton sang. Quand tu étais dans ton sang, je t'ai dit : "Je veux que tu vives !" Je t'ai fait croître comme l'herbe des champs. Tu as poussé, tu as grandi, tu es devenue femme, ta poitrine s'est formée, ta chevelure s'est développée. Mais tu étais complètement nue. Je suis passé près de toi, et je t'ai vue : tu avais atteint l'âge des amours. J'étendis sur toi le pan de mon manteau et je couvris ta nudité. Je me suis engagé envers toi par serment, je suis entré en alliance avec toi – oracle du Seigneur Dieu – et tu as été à moi. Je t'ai plongée dans l'eau, je t'ai nettoyée de ton sang, je t'ai parfumée avec de l'huile. Je t'ai revêtue d'habits chamarrés, je t'ai chaussée de souliers en cuir fin, je t'ai donné une ceinture de lin précieux, je t'ai couverte de soie. Je t'ai parée de joyaux : des bracelets à tes poignets, un collier à ton cou, un anneau à ton nez, des boucles à tes oreilles, et sur ta tête un diadème magnifique. Tu étais parée d'or et d'argent, vêtue de lin précieux, de soie et d'étoffes chamarrées. La fleur de farine, le miel et l'huile étaient ta nourriture. Tu devins de plus en plus belle et digne de la royauté. Ta renommée se répandit parmi les nations, à cause de ta beauté, car elle était parfaite, grâce à ma splendeur dont je t'avais revêtue – oracle du Seigneur Dieu.

« Mais tu t'es fiée à ta beauté, tu t'es prostituée en usant de ta renommée, tu as prodigué tes faveurs à tout passant : tu as été à n'importe qui.

Cependant, moi, je me ressouviendrai de mon alliance, celle que j'ai conclue avec toi au temps de ta jeunesse, et j'établirai pour toi une alliance éternelle. Ainsi tu te souviendras, tu seras couverte de honte. Dans ton déshonneur, tu n'oseras pas ouvrir la bouche quand je te pardonnerai tout ce que tu as fait – oracle du Seigneur Dieu. »
– Parole du Seigneur.

On peut aussi lire Ézékiel 16, 59-63.

Cantique Isaïe 12, 2, 4bcde-5a, 5bc-6

℟ ***Seigneur, tu reviens de ta fureur et tu me consoles.***

Voici le Dieu qui me sauve :
j'ai confiance, je n'ai plus de crainte.
Ma force et mon chant, c'est le Seigneur ;
il est pour moi le salut. ℟

Rendez grâce au Seigneur,
proclamez son nom,
annoncez parmi les peuples ses hauts faits !
Redites-le : « Sublime est son nom ! »
Jouez pour le Seigneur ! ℟

Il montre sa magnificence,
et toute la terre le sait.
Jubilez, criez de joie, habitants de Sion,
car il est grand au milieu de toi,
le Saint d'Israël ! ℟

Acclamation de l'Évangile

Alléluia. Alléluia. Accueillez la parole de Dieu pour ce qu'elle est réellement : non pas une parole d'hommes, mais la parole de Dieu. ***Alléluia.***

Évangile de Jésus Christ

selon saint Matthieu (19, 3-12)

« C'est en raison de la dureté de votre cœur que Moïse vous a permis de renvoyer vos femmes. Mais au commencement, il n'en était pas ainsi »

En ce temps-là, des pharisiens s'approchèrent de Jésus pour le mettre à l'épreuve ; ils lui demandèrent : « Est-il permis à un homme de renvoyer sa femme pour n'importe quel motif ? » Il répondit : « N'avez-vous pas lu ceci ? Dès le commencement, le Créateur les fit homme et femme, et dit : *"À cause de cela, l'homme quittera son père et sa mère, il s'attachera à sa femme, et tous deux deviendront une seule chair."* Ainsi, ils ne sont plus deux, mais une seule chair. Donc, ce que Dieu a uni, que l'homme ne le sépare pas ! » Les pharisiens lui répliquent : « Pourquoi donc Moïse a-t-il prescrit la remise d'un acte de divorce avant la répudiation ? » Jésus leur répond : « C'est en raison de la dureté de votre cœur que Moïse vous a permis de renvoyer vos femmes. Mais au commencement, il n'en était pas ainsi. Or je vous le dis : si quelqu'un renvoie sa femme – sauf en cas d'union illégitime – et qu'il en épouse une autre, il est adultère. » Ses disciples lui disent : « Si telle est la situation de l'homme par rapport à sa femme, mieux vaut ne pas se marier. » Il leur répondit : « Tous ne comprennent pas cette parole, mais seulement ceux à qui cela est donné*. Il y a des gens qui ne se marient pas car, de naissance, ils en sont incapables ; il y en a qui ne peuvent pas se marier car ils ont été mutilés par les hommes ; il y en a qui ont choisi de ne pas se marier à cause du royaume des Cieux. Celui qui peut comprendre, qu'il comprenne ! »

Prière sur les offrandes

Accorde-nous, Seigneur, nous t'en prions, de participer dignement à ces mystères, car chaque fois qu'est célébré ce sacrifice en mémorial, c'est l'œuvre de notre rédemption qui s'accomplit. Par le Christ, notre Seigneur. — ***Amen.***

Antienne de la communion

Tu prépares la table pour moi ;
la coupe qui m'enivre,
comme elle est admirable !
(cf. Ps 22, 5)

OU

Nous avons reconnu l'amour
que Dieu a pour nous,
et nous y avons cru.
(1 Jn 4, 16)

Prière après la communion

Répands en nous, Seigneur, ton Esprit de charité, afin d'unir dans un même amour ceux que tu as nourris du même pain du ciel. Par le Christ, notre Seigneur. — ***Amen.***

INVITATION

En union avec l'intention mensuelle de prière du pape *(p. 6),*
je peux prier pour que toutes les personnes qui exercent une responsabilité politique soient au service de chacun.

COMMENTAIRE

Qu'un seul Dieu Ézékiel 16, 1-15.60.63

Alors que Dieu a pris soin de Jérusalem avec la délicatesse d'une mère et la magnificence d'un père, cette dernière a prodigué ses faveurs « à tout passant ». En clair, elle s'est prostituée. Une déviance récurrente dans la Bible qui stigmatise la fréquentation des idoles. L'Alliance entre le Seigneur et son peuple revêt un caractère exclusif : pas de Dieu hormis l'Unique. Une occasion de nous interroger : à qui vont nos amours ? ■

***Bénédicte de la Croix**, cistercienne*

✻ CLÉ DE LECTURE

« Ceux à qui cela est donné » Matthieu 19, 11 *(p. 123)*

On ne retient de ce texte que la sévère mise en garde de Jésus aux rabbis juifs qui autorisaient le renvoi d'une femme pour des raisons futiles. Mais la suite donne à l'ensemble une autre résonance. Aux disciples qui s'indignent, Jésus répond de façon décalée : « tous ne peuvent accueillir cette parole » ; il ne s'agit pas de « comprendre », mais bien de « faire place, accueillir ». Puis, Jésus envisage le célibat. Rester fidèle dans le mariage est tout aussi exigeant que de choisir le célibat pour le Royaume. Tous ne sont pas prêts à ouvrir ainsi l'espace de leur vie ; seul Dieu peut le leur donner. Jésus le sait : mariés ou célibataires, certains reçoivent de Dieu un don qui est aussi une responsabilité plus grande. Qui oserait alors juger l'autre ? ■

***Roselyne Dupont-Roc**, bibliste*

SAMEDI 17 AOÛT 2024

19E SEMAINE DU TEMPS ORDINAIRE COULEUR LITURGIQUE : VERT

Temps ordinaire, *suggestion d'oraisons et d'antiennes n° 3*
ou **bienheureuse Vierge Marie,** *voir p. 26*

Antienne d'ouverture

Chantez au Seigneur un chant nouveau,
chantez au Seigneur, terre entière. Devant lui, splendeur et majesté,
dans son sanctuaire, puissance et beauté. (Ps 95, 1.6)

Prière

Dieu éternel et tout-puissant, dans ta bienveillance, dirige nos actions, afin qu'au nom de ton Fils bien-aimé, nous portions des fruits en abondance. Par Jésus… ***– Amen.***

Lecture

du livre du prophète Ézékiel (18, 1-10.13b.30-32)

« Je vous jugerai chacun selon sa conduite »

La parole du Seigneur me fut adressée : « Qu'avez-vous donc, dans le pays d'Israël, à répéter ce proverbe : “Les pères mangent du raisin vert, et les dents des fils en sont irritées” ? Par ma vie ! – oracle du Seigneur Dieu – vous n'aurez plus à répéter ce proverbe en Israël. En effet, toutes les vies m'appartiennent, la vie du père aussi bien que celle du fils, elles m'appartiennent. Celui qui a péché, c'est lui qui mourra. L'homme qui est juste, qui observe le droit et la justice, qui ne va pas aux festins sur les montagnes, ne lève pas les yeux vers les idoles immondes de la maison d'Israël, ne rend pas impure la femme de son prochain, ne s'approche pas d'une femme en état de souillure ; l'homme qui n'exploite personne, qui restitue ce qu'on lui a laissé en gage, ne commet pas de fraude, donne son pain à celui qui a faim et couvre d'un vêtement celui qui est nu ; l'homme qui ne prête pas à intérêt, ne pratique pas l'usure, qui détourne sa main du mal, tranche équitablement entre deux adversaires, qui marche selon mes décrets et observe mes ordonnances pour agir avec vérité : un tel homme est juste, c'est certain, il vivra, – oracle du Seigneur Dieu. Mais si cet homme a un fils violent et sanguinaire, coupable d'une de ces fautes, ce fils-là vivra-t-il ? Il ne vivra pas ; il s'est livré à toutes ces abominations : il sera mis à mort, et son sang, qu'il soit sur lui ! C'est pourquoi – oracle du Seigneur Dieu – je vous jugerai chacun selon sa conduite, maison d'Israël. Retournez-vous ! Détournez-vous de vos crimes, et vous ne trébucherez plus dans la faute. Rejetez tous les crimes que vous avez commis, faites-vous un cœur nouveau et un esprit nouveau. Pourquoi vouloir mourir, maison d'Israël ? Je ne prends plaisir à la mort de personne, – oracle du Seigneur Dieu – : convertissez-vous, et vous vivrez. »

– Parole du Seigneur.

Psaume 50 (51)

℟ ***Crée en moi un cœur pur, ô mon Dieu.***

Crée en moi un cœur p<u>u</u>r, ô mon Dieu,
renouvelle et raffermis
au fond de m<u>o</u>i mon esprit.

Ne me chasse p<u>a</u>s loin de ta face,
ne me reprends p<u>a</u>s
ton esprit saint. ℟

Rends-moi la j<u>o</u>ie d'être sauvé ;
que l'esprit génére<u>u</u>x me soutienne.
Aux pécheurs, j'enseigner<u>ai</u>
tes chemins ;
vers toi, reviendr<u>o</u>nt les égarés. ℟

Si j'offre un sacrif<u>i</u>ce, tu n'en veux pas,
tu n'acceptes p<u>a</u>s d'holocauste.
Le sacrifice qui plaît à Dieu, c'est un espr<u>i</u>t brisé ;
tu ne repousses pas, ô mon Dieu,
un cœur bris<u>é</u> et broyé. ℟

Acclamation de l'Évangile

Alléluia. Alléluia. Tu es béni, Père, Seigneur du ciel et de la terre, tu as révélé aux tout-petits les mystères du Royaume ! ***Alléluia.***

Évangile de Jésus Christ

selon saint Matthieu (19, 13-15)

« N'empêchez pas les enfants de venir à moi,
car le royaume des Cieux est à ceux qui leur ressemblent »

En ce temps-là, on présenta des enfants à Jésus pour qu'il leur impose les mains en priant. Mais les disciples les écartèrent vivement. Jésus leur dit : « Laissez les enfants, ne les empêchez pas de venir à moi, car le royaume des Cieux est à ceux qui leur ressemblent. » Il leur imposa les mains, puis il partit de là.

Prière sur les offrandes

Accueille avec bienveillance nos présents, nous t'en prions, Seigneur : qu'ils soient sanctifiés et servent ainsi à notre salut. Par le Christ, notre Seigneur.
— Amen.

Antienne de la communion

Approchez du Seigneur : resplendissez de sa lumière, sans ombre ni trouble au visage. (cf. Ps 33, 6)

OU

Je suis la lumière du monde,
dit le Seigneur. Celui qui me suit
ne marchera pas dans les ténèbres :
il aura la lumière de la vie. (Jn 8, 12)

Prière après la communion

Nous t'en prions, Dieu tout-puissant ; nous recevons de toi la grâce qui fait vivre : fais que nous trouvions toujours notre gloire dans ce que tu nous donnes. Par le Christ, notre Seigneur.
— Amen.

INVITATION

Je prends du temps pour dire merci : loué sois-tu, Seigneur, pour le ciel étoilé, pour le soleil et pour les personnes autour de moi !

COMMENTAIRE

Les exclus en modèle Matthieu 19, 13-15

Les disciples sont des hommes raisonnables, sûrs de leur bon droit. Ils entendent bien tenir à distance ces volées d'enfants, pareils à des moineaux, virevoltants autour du Maître ! Comme il le fait très souvent, Jésus renverse la situation pour ériger en modèles ceux que la société exclut. Prenons-en de la graine, nous qui sommes appelés à ressembler à ces petits dont la vulnérabilité révèle celle du Fils Bien-Aimé, dépendant en tout de son Père. ■

Bénédicte de la Croix, cistercienne

DIMANCHE 18 AOÛT 2024

20^E DIMANCHE DU TEMPS ORDINAIRE

ANNÉE B - COULEUR LITURGIQUE : VERT

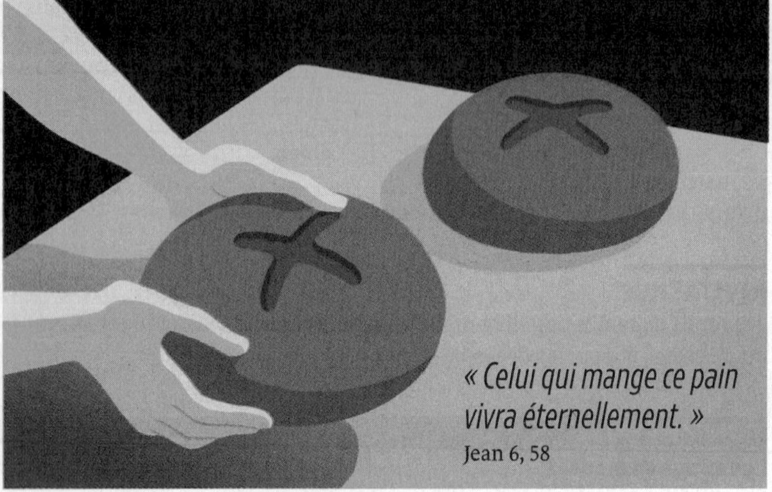

« Celui qui mange ce pain vivra éternellement. »
Jean 6, 58

Nous sommes les invités du Seigneur. Il a lui-même dressé la table où nous venons pour être rassasiés de sa « vraie nourriture », abreuvés de sa « vraie boisson ». Mesurons-nous de quel amour il nous aime ? Que notre louange réponde à ses dons sans limites. Que notre action de grâce se prolonge en témoignage de son amour auprès de tous nos frères.

RITES INITIAUX

Chant d'entrée *(Suggestions p. 258)*
OU
Antienne d'ouverture
Dieu, notre protecteur, regarde : vois le visage de ton Christ ;
un jour dans tes parvis en vaut plus que mille. (cf. Ps 83, 10-11)

Suggestion de préparation pénitentielle *(ou p. 226)*
Frères et sœurs, puisque le Seigneur nous invite à sa table, confessons notre foi en sa miséricorde et reconnaissons que nous sommes pécheurs.

Prends pitié de nous, Seigneur. Tu donnes avec abondance une nourriture qui est parfois gaspillée et qui manque à tant d'êtres humains aujourd'hui. ***– Nous avons péché contre toi.***

Par ta bonté, toi qui convertis nos cœurs, tu nous rassasies de ton amour. Montre-nous, Seigneur, ta miséricorde.
– Et donne-nous ton salut.

Que Dieu tout-puissant nous fasse miséricorde ; qu'il nous pardonne nos péchés et nous conduise à la vie éternelle. ***– Amen.***

Ensuite, on dit ou on chante le Kyrie (p. 227).

Gloire à Dieu *(p. 228)*

Prière

Pour ceux qui t'aiment, Seigneur Dieu, tu as préparé des biens que l'œil ne peut voir : répands en nos cœurs la ferveur de ta charité, afin que t'aimant en toute chose et par-dessus tout, nous obtenions de toi l'héritage promis qui surpasse tout désir. Par Jésus… ***— Amen.***

LITURGIE DE LA PAROLE

Lecture du livre des Proverbes (9, 1-6)

« Venez, mangez de mon pain, buvez le vin que j'ai préparé »

La Sagesse a bâti sa maison, elle a taillé sept colonnes. Elle a tué ses bêtes, et préparé son vin, puis a dressé la table. Elle a envoyé ses servantes, elle appelle sur les hauteurs de la cité : « Vous, étourdis, passez par ici ! » À qui manque de bon sens, elle dit : « Venez, mangez de mon pain, buvez le vin que j'ai préparé. Quittez l'étourderie et vous vivrez, prenez le chemin de l'intelligence. »

– Parole du Seigneur.

Psaume 33 (34)

℟ ***Goûtez et voyez comme est bon le Seigneur !***

T. : AELF ; M. : B. Delattre ; Éd. : ADF.

Je bénirai le Seigneur en tout temps,
sa louange sans cesse à mes lèvres.
Je me glorifierai dans le Seigneur :
que les pauvres m'entendent et soient en fête ! ℟

Saints du Seigneur, adorez-le :
rien ne manque à ceux qui le craignent.
Des riches ont tout perdu, ils ont faim ;
qui cherche le Seigneur ne manquera d'aucun bien. ℟

Venez, mes fils, écoutez-moi,
que je vous enseigne la crainte du Seigneur.
Qui donc aime la vie
et désire les jours où il verra le bonheur ? ℟

Retrouvez
ce psaume sur le CD
"Les psaumes
de l'année B"

18 - 24

℟ ***Goûtez et voyez comme est bon le Seigneur !***

Garde ta langue du mal
et tes lèvres des paroles perfides.
Évite le mal, fais ce qui est bien,
poursuis la paix, recherche-la. ℟

Lecture de la lettre de saint Paul apôtre aux Éphésiens (5, 15-20)

« Comprenez bien quelle est la volonté du Seigneur »

Frères, prenez bien garde à votre conduite : ne vivez pas comme des fous, mais comme des sages. Tirez parti du temps présent, car nous traversons des jours mauvais. Ne soyez donc pas insensés, mais comprenez bien quelle est la volonté du Seigneur. Ne vous enivrez pas de vin, car il porte à l'inconduite ; soyez plutôt remplis de l'Esprit Saint. Dites entre vous des psaumes, des hymnes et des chants inspirés, chantez le Seigneur et célébrez-le de tout votre cœur. À tout moment et pour toutes choses, au nom de notre Seigneur Jésus Christ, rendez grâce à Dieu le Père.

– Parole du Seigneur.

Acclamation de l'Évangile

Alléluia. Alléluia. Qui mange ma chair et boit mon sang demeure en moi, et moi en lui, dit le Seigneur. ***Alléluia.***

U77-00; T. : AELF; M. : P. Robert.

Évangile de Jésus Christ selon saint Jean (6, 51-58)

« Ma chair est la vraie nourriture, et mon sang est la vraie boisson »

En ce temps-là, Jésus disait à la foule : « Moi, je suis le pain vivant, qui est descendu du ciel : si quelqu'un mange de ce pain, il vivra éternellement. Le pain que je donnerai, c'est ma chair, donnée pour la vie du monde. » Les Juifs se querellaient entre eux : « Comment celui-là peut-il nous donner sa chair à manger ? » Jésus leur dit alors : « Amen, amen, je vous le dis : si vous ne mangez pas la chair du Fils de l'homme, et si vous ne buvez pas son sang, vous n'avez pas la vie en vous. Celui qui mange ma chair et boit mon sang a la vie éternelle ; et moi, je le ressusciterai au dernier jour. En effet, ma chair est la vraie nourriture, et mon sang est la vraie boisson. Celui qui mange ma chair et boit mon sang demeure en

moi, et moi, je demeure en lui. De même que le Père, qui est vivant, m'a envoyé, et que moi je vis par le Père, de même celui qui me mange, lui aussi vivra par moi. Tel est le pain qui est descendu du ciel : il n'est pas comme celui que les pères ont mangé. Eux, ils sont morts ; celui qui mange ce pain vivra éternellement. »

Homélie

Profession de foi *(p. 229)*

Suggestion de prière universelle

Le prêtre :

L'invitation du Seigneur s'adresse à toute l'humanité, sans distinction, sans exclusive. Prions Dieu notre Père pour tous les hommes et femmes de la terre.

℟ ***Notre Père, notre Père, nous te supplions humblement.***

No-tre Pè-re, no-tre Pè-re, nous te sup-pli-ons hum ble-ment.

B 4 Chalet ; T. et M. : anonyme.

Le diacre ou un lecteur :

Béni sois-tu, Seigneur, pour l'Église annonçant ta parole. Pour qu'elle se préoccupe aussi des faims spirituelles, affectives, relationnelles, nous te prions. ℟

Béni sois-tu, Seigneur, pour les associations humanitaires qui prennent soin des exclus. Pour que suffisamment de bénévoles répondent présent tout au long de l'été, nous te prions. ℟

Béni sois-tu, Seigneur, pour les dirigeants politiques se mettant au service de leur peuple. Pour qu'ils œuvrent sans relâche en faveur du bien commun et de la paix, avec le pape François, nous te prions. ℟

Béni sois-tu, Seigneur, pour tous les relais de ta parole. Pour que les influenceurs, les éducateurs et les parents soient à l'écoute des jeunes et leur ouvrent un chemin de vie, nous te prions. ℟

(Ces intentions seront adaptées ou modifiées selon les circonstances.)

Le prêtre :

Dieu notre Père, alors que beaucoup de tes enfants demeurent encore loin de la table où tu veux nous rassembler tous, entends notre supplication. Dans ton amour, daigne l'exaucer. Par le Christ, notre Seigneur. ***— Amen.***

LITURGIE EUCHARISTIQUE

Prière sur les offrandes

Accueille, Seigneur, ce que nous présentons pour cette eucharistie où s'accomplit un admirable échange : en offrant ce que tu nous as donné, puissions-nous te recevoir toi-même. Par le Christ, notre Seigneur. ***— Amen.***

Prière eucharistique *(Préface des dimanches, p. 232)*

Chant de communion *(Suggestions p. 258)*

OU

Antienne de la communion

Oui, près du Seigneur est la miséricorde ;
près de lui abonde le rachat.
(cf. Ps 129, 7)

OU

Je suis le pain vivant, qui est descendu du ciel, dit le Seigneur ;
si quelqu'un mange de ce pain, il vivra éternellement.
(Jn 6, 51)

Prière après la communion

Par ces sacrements, Seigneur, tu nous as unis au Christ, et nous implorons humblement ta bonté : sur la terre, transforme-nous à son image, pour que nous puissions partager sa vie dans le ciel. Lui qui… ***— Amen.***

RITE DE CONCLUSION

Bénédiction

Envoi

COMMENTAIRE DU DIMANCHE

Marie-Caroline Bustarret, théologienne,
enseignante aux facultés Loyola Paris

Jésus nourrit

Jésus s'adresse à la foule qui le poursuit au lendemain de la multiplication des pains. Si ces gens sont venus à sa recherche, c'est peut-être pour la simple raison qu'ils ont à nouveau le ventre creux ! Or Jésus voudrait leur faire comprendre que nourrir le corps ne suffit pas. Il procède alors, comme il le fait souvent chez Jean, en s'appuyant sur une expérience concrète, celle de manger, pour faire entrevoir une réalité supérieure. Ainsi, faisant fonds du caractère frustrant, car passager, de la sensation de satiété, Jésus passe à l'évocation d'un pain qui comble véritablement… éternellement. Ce pain descendu du ciel, dit-il, c'est lui. Après avoir satisfait la faim physique de la foule, Jésus affirme qu'il est cependant venu combler une tout autre faim. Il offre une nourriture que lui seul peut procurer car il s'agit de •••

••• sa chair. Bien sûr, par ce mot « chair », Jésus désigne sa vie d'homme et non pas la chair au sens du tissu musculaire ! Ce que nous avons à assimiler, comme on assimile un aliment, c'est la vie de Jésus telle qu'elle nous est rapportée dans les évangiles. Ce que nous avons à faire nôtres, ce sont ses gestes, ses paroles, ses attitudes, son souci pour tous ceux qu'il croise, sa relation à son Père... afin que, par cette fréquentation assidue de la vie du Christ, nous devenions progressivement ce que nous contemplons. Ainsi nous est donnée la vie éternelle.

Quelle faim puis-je présenter au Seigneur afin de lui demander de venir la combler ?

Quelle parole, quel geste ou quelle attitude de Jésus me nourrissent aujourd'hui ?

Quelles sont les sources auxquelles je m'abreuve pour être plus vivant et apporter plus de vie autour de moi ? ■

PrionsenEglise Junior

LIRE L'ÉVANGILE AVEC LES ENFANTS

CE QUE JE DÉCOUVRE

À l'église, il n'y a pas de pain à acheter.
Le prêtre n'est pas un boulanger !
À la messe, c'est le pain de vie qui est donné par les mains du prêtre, comme Jésus a dit de le faire. Dans cet évangile,
quand Jésus parle de sa chair et de son sang, il nous parle de sa vie.
Il veut habiter en chacun de nous…
Il veut que sa vie demeure en toi.
Et quand la vie de Jésus est en toi, alors ta vie déborde de joie !

CE QUE JE VIS

Et toi, qu'est-ce qui te rend vivant ?
Relis l'évangile du jour. Souligne tous les mots « vie » et les phrases qui parlent de vie.
Écoute et chante le refrain du chant de communion « Ce pain, c'est l'amour qui se donne. »

Texte : Pierre-Marie Leroy. Illustrations : Marcelino Truong

MÉDITATION BIBLIQUE
20E DIMANCHE DU TEMPS ORDINAIRE
Livre des Proverbes 9, 1-6

À l'écoute de Dame Sagesse

Dans le livre des Proverbes, la Sagesse est personnifiée sous les traits d'une femme. Il s'agit de veiller à sa porte, d'écouter et de garder ses enseignements (Pr 8 – 9), car ses appels et ses conseils conduisent à la vie et au bonheur.

Le temps de la préparation

« Venez mes fils, écoutez-moi, que je vous enseigne la crainte du Seigneur. » (Ps 33, 12)

Le temps de l'observation

La Sagesse est celle qui appelle – directement (Pr 8) ou par l'intermédiaire de ses servantes (Pr 9) – sur les hauteurs de la cité. Ainsi, elle se fait entendre au cœur de la vie courante et non dans des endroits silencieux ou dédiés, comme au désert ou sur une haute montagne. Elle interpelle à travers les rencontres, les échanges de paroles ou de biens, les réalisations humaines. Elle invite à poser un autre regard sur la réalité, un regard contemplatif capable de conduire du perceptible jusqu'au Créateur. Elle est la grâce de Dieu à l'œuvre dans le monde et dans le cœur des humains.

Elle pourrait s'identifier à la voix de la conscience éclairée par Dieu ou à ces motions de l'Esprit qui permettent à chacun de poser des choix ajustés, de rectifier son chemin en direction du « bon sens », de ne pas se perdre dans cette « étourderie » qui fait passer à côté de l'essentiel et de sa responsabilité à l'égard du monde.

Le temps de la méditation

À quoi la Sagesse nous convie-t-elle, sinon à manger de son pain et à boire de son vin, c'est-à-dire à nous nourrir de la Parole et à boire l'eau de ce puits intérieur où la vie de Dieu jaillit en nous ? Pour les chrétiens que nous sommes, la Sagesse annonce le Christ qui nous invite aux deux tables, de la Parole et du pain : « Celui qui mange ma chair et boit mon sang a la vie éternelle. » Une vie qui est déjà commencée dans l'union instaurée entre le Christ et le croyant. Le livre des Proverbes introduit une autre figure, celle de Dame Folie qui propose des eaux « volées » et du « pain pris en secret », autant dire des chimères qui conduisent à la mort (cf. Pr 9, 13-18). D'où l'importance pour chacun d'affiner son écoute, d'apprendre à discerner la voix de la Sagesse ou celle du vrai Berger, sans se laisser distraire par la voix de Dame Folie ou celle des faux messies. Ce qui suppose un travail sur soi et la fréquentation des Écritures pour reconnaître ce qui rend le son de l'Évangile.

Le temps de la prière

« Qui donc aime la vie
et désire les jours où il verra
le bonheur ? » (Ps 33, 13) ■

Emmanuelle Billoteau,
ermite

PARTAGE BIBLIQUE

Environ 45 minutes

Une bible ou Prions en Église, *page 132*

« VENEZ, MANGEZ DE MON PAIN » (PR 9, 1-6)

Lire

Lisons ce court texte des Proverbes et n'hésitons pas, pour l'occasion, à lire plus largement le chapitre 9 tout entier.

Comprendre le texte

Le livre des Proverbes, qu'on lit très rarement, est une collection de neuf recueils de sentences d'origines et de dates différentes. Le premier recueil dans lequel se situe notre passage (Pr 1, 8 – 9, 18) contient des conseils d'un père à son fils, ou plutôt d'un maître de sagesse à son élève qu'il appelle « mon fils », entrecoupé d'invitations de la sagesse personnifiée. À vrai dire, ces conseils du maître ne visent pas à faire l'éducation de son élève; ils se présentent comme des ordres : « Ne refuse pas […], ne dis pas […], ne travaille pas […], ne cherche pas […], n'envie pas », qu'il motive en référence au Seigneur. Car celui-ci « a horreur des gens tortueux », de ceux qui ne donnent pas quand ils ont, qui profitent de la confiance que leur fait leur ami, qui s'en prennent sans raison à autrui, qui usent de violence pour réussir. Au contraire, le Seigneur s'attache aux hommes droits dont la conduite est transparente. Le maître de sagesse se présente ainsi comme le médiateur du Seigneur qui réclame obéissance. Au chapitre 9, Dame Sagesse et Dame Folie sont mises en scène. On découvre que ces deux dames ont construit une maison et préparé un festin auquel sont conviés les jeunes hommes dépourvus de bon sens. L'objectif du maître est de souligner le contraste entre les deux invitations ainsi que les conséquences pour ceux qui y répondent.

Partager

- Quels sont les proverbes que j'aime bien citer ?
- Au-delà des écrits bibliques, quels livres ou quels auteurs nourrissent ma philosophie de vie ?
- Quelles paroles du Christ guident ma conduite ?
- Quels mots utiliserais-je pour résumer ma vie de foi ?

Prier

Pour méditer le poids des mots de notre foi, prenons le chant : *Les mots que tu nous dis* (EP 164). ■

Sylvain Gasser, prêtre assomptionniste

Une prière de Rodhain Kasuba, pour ce dimanche

Le signe de ton amour

Seigneur Jésus, comme la foule autrefois,
nous avons parfois du mal à croire que, sous les signes
du pain et du vin, tu nous redis encore aujourd'hui
le don total de toi, et que tu nous y associes.

Comme la foule autrefois, il nous arrive de rechercher
des signes pour croire ; nous désirons désespérément
des manifestations éclatantes et prodigieuses,
alors que ta parole devrait nous suffire.

Aide-nous à reconnaître dans le pain et le vin eucharistiques
le signe de ton amour donné jusqu'au bout et l'appel à entrer
dans une mission qui nous dépasse et nous régénère.

Dis-nous, Seigneur, comment te remercier,
toi qui nous aimes et nous as tout donné. Amen.

LUNDI 19 AOÛT 2024

20E SEMAINE DU TEMPS ORDINAIRE COULEUR LITURGIQUE : VERT

Temps ordinaire, *suggestion d'oraisons et d'antiennes n° 4*
ou **saint Jean Eudes,** *voir p. 152*

Antienne d'ouverture

Sauve-nous, Seigneur notre Dieu ;
rassemble-nous du milieu des nations, que nous rendions grâce
à ton saint nom, fiers de chanter ta louange ! (Ps 105, 47)

Prière

Accorde-nous, Seigneur notre Dieu, de pouvoir t'adorer de tout notre esprit, et d'avoir envers tous une vraie charité. Par Jésus… ***— Amen.***

Lecture

du livre du prophète Ézékiel (24, 15-24)

« Ézékiel sera pour vous un signe : tout ce qu'il a fait, vous le ferez »

La parole du Seigneur me fut adressée : « Fils d'homme, je vais te prendre subitement la joie de tes yeux. Tu ne feras pas de lamentation, tu ne pleureras pas, tu ne laisseras pas couler tes larmes. Soupire en silence, ne prends pas le deuil ; enroule ton turban sur ta tête, chausse tes sandales, ne voile pas tes lèvres, ne prends pas le repas funéraire. » Le matin, je parlais encore au peuple, et le soir ma femme mourut. Le lendemain matin, je fis ce qui m'avait été ordonné. Les gens me dirent : « Vas-tu nous expliquer ce que tu fais là ? Qu'est-ce que cela veut dire pour

nous ? » Je leur répondis : « La parole du Seigneur m'a été adressée : Dis à la maison d'Israël : Ainsi parle le Seigneur Dieu : Je vais profaner mon sanctuaire, votre orgueil et votre force, la joie de vos yeux, la passion de votre cœur. Vos fils et vos filles, que vous avez laissés à Jérusalem, tomberont par l'épée. Vous ferez alors comme je viens de faire : vous ne voilerez pas vos lèvres, vous ne prendrez pas le repas funéraire, vous mettrez vos turbans, et vous chausserez vos sandales. Vous ne ferez pas de lamentation, vous ne pleurerez pas. Mais vous pourrirez dans vos péchés, et vous gémirez tous ensemble. Ézékiel sera pour vous un signe : tout ce qu'il a fait, vous le ferez. Et quand cela arrivera, vous saurez* que Je suis le Seigneur Dieu. »

– Parole du Seigneur.

Cantique Deutéronome 32, 18-19, 20, 21

℟ ***Le Dieu qui t'a engendré, tu l'oublies.***

Tu dédaignes le Rocher qui t'a mis au monde ;
le Dieu qui t'a engendré, tu l'oublies.
Le Seigneur l'a vu : il réprouve
ses fils et ses filles qui l'ont exaspéré. ℟

Il dit : « Je vais leur cacher ma face
et je verrai quel sera leur avenir ;
oui, c'est une engeance pervertie,
ce sont des enfants sans foi. ℟

« Eux m'ont rendu jaloux
par un dieu qui n'est pas dieu,
exaspéré par leurs vaines idoles ;
moi, je vais les rendre jaloux
par un peuple qui n'est pas un peuple,
les exaspérer par une nation stupide. » ℟

Acclamation de l'Évangile

Alléluia. Alléluia. Heureux les pauvres de cœur, car le royaume des Cieux est à eux ! ***Alléluia.***

Évangile de Jésus Christ

selon saint Matthieu (19, 16-22)

« Si tu veux être parfait, va, vends ce que tu possèdes, donne-le aux pauvres, et tu auras un trésor dans les cieux »

En ce temps-là, voici que quelqu'un s'approcha de Jésus et lui dit : « Maître, que dois-je faire de bon pour avoir la vie éternelle ? » Jésus lui dit : « Pourquoi m'interroges-tu sur ce qui est bon ? Celui qui est bon, c'est Dieu, et lui seul ! Si tu veux entrer dans la vie, observe les commandements. » Il lui dit : « Lesquels ? » Jésus reprit : « *Tu ne commettras pas de meurtre. Tu ne commettras pas d'adultère. Tu ne commettras pas de vol. Tu ne porteras pas de faux témoignage. Honore ton père et ta mère.* Et aussi : *Tu aimeras ton prochain comme toi-même.* » Le jeune homme lui dit : « Tout cela, je l'ai observé : que me manque-t-il encore ? » Jésus lui répondit : « Si tu veux être parfait, va, vends ce que tu possèdes, donne-le aux pauvres, et tu auras un trésor dans les cieux. Puis viens, suis-moi. »

À ces mots, le jeune homme s'en alla tout triste, car il avait de grands biens.

Prière sur les offrandes

Pour te servir, Seigneur, nous déposons nos présents sur ton autel : accueille-les favorablement, pour qu'ils deviennent le sacrement de notre rédemption. Par le Christ, notre Seigneur. **— *Amen.***

Antienne de la communion

Sur ton serviteur, que s'illumine
ta face ; sauve-moi dans ta miséricorde.
Seigneur, garde-moi d'être humilié,
car je t'ai invoqué.
(cf. Ps 30, 17-18)

OU

Heureux les pauvres de cœur,
car le royaume des Cieux est à eux.
Heureux les doux,
car ils recevront la terre en héritage.
(Mt 5, 3.5)

Prière après la communion

Nous avons été fortifiés par le sacrement de notre rédemption, et nous t'en prions, Seigneur : que cette nourriture pour le salut éternel nous fasse progresser dans la foi véritable. Par le Christ, notre Seigneur. **— *Amen.***

INVITATION

Je récite lentement le Notre Père en prenant le temps de laisser résonner chaque mot en moi.

COMMENTAIRE

Les mains ouvertes

Matthieu 19, 16-22

« Va, vends ce que tu possèdes, donne-le [...]. Puis viens, suis-moi. » En lisant ces mots, je repense à cette conviction d'une connaissance : « Partager avec les autres n'appauvrit pas et ne pas donner n'enrichit pas. » Le souci de tout garder pour soi peut nous empêcher d'agir au nom de Dieu. Pour suivre le Christ, lâchons nos possessions et mettons les autres au centre de nos préoccupations. ■

***Jean-Paul Musangania**, prêtre assomptionniste*

✻ CLÉ DE LECTURE

« Vous saurez »

Ézékiel 24, 24 *(p. 148)*

Pourquoi cette dureté de l'ordre du Seigneur qui interdit à Ézékiel de pleurer la mort de la femme qu'il aime ? Comment cela servira-t-il de signe pour le peuple ? Il ne devra pas se lamenter des malheurs terribles qui s'abattent : la prise de Jérusalem et les massacres perpétrés par les ennemis. En quoi cela fera-t-il reconnaître le Seigneur Dieu ? Faudrait-il penser que Dieu, devant l'infidélité humaine, pratique la politique du pire ? Qu'au moins devant les malheurs qui s'abattent sur lui, le peuple reconnaisse qu'aucune des idoles qu'il s'est faites n'a de valeur ni de consistance. Seul lui manque, au-delà de tous les désastres, l'unique nécessaire : le Dieu qui l'aime et jamais ne l'abandonnera, pourvu qu'enfin il se retourne vers lui ! ■

***Roselyne Dupont-Roc**, bibliste*

Saint Jean Eudes

Couleur liturgique : blanc

1601-1680. Prédicateur hors pair, missionnaire infatigable, il fonda la congrégation des Eudistes et répandit la dévotion aux Sacrés-Cœurs de Jésus et de Marie.

Antienne d'ouverture

L'Esprit du Seigneur est sur moi,
parce que le Seigneur m'a consacré
par l'onction. Il m'a envoyé porter
la Bonne Nouvelle aux pauvres,
guérir les cœurs brisés. (Lc 4, 18)

Prière

Seigneur Dieu, tu as choisi le prêtre saint Jean Eudes pour qu'il annonce l'insondable richesse du Christ ; accorde-nous de suivre son exemple et ses enseignements, afin de te connaître toujours davantage et de vivre dans la fidélité à la lumière de l'Évangile. Par Jésus… ***— Amen.***

Prière sur les offrandes

Dieu de puissance et de majesté, nous te supplions humblement : puisque les dons offerts en l'honneur de saint Jean Eudes attestent la gloire de ta puissance, qu'ils nous procurent le fruit de ton salut. Par le Christ, notre Seigneur.
— Amen.

Antienne de la communion

Je suis avec vous tous les jours,
dit le Seigneur, jusqu'à la fin
du monde.
(Mt 28, 20)

Prière après la communion

Que cette communion à tes mystères, Seigneur, nous achemine vers les joies éternelles que saint Jean Eudes a méritées par un service fidèle. Par le Christ, notre Seigneur. ***— Amen.***

Saint Bernard

XIIe siècle. Moine de Cîteaux, abbé de Clairvaux, « arbitre de l'Europe », conseiller des papes et des rois, mais aussi homme de prière et grand mystique. Docteur de l'Église.

Antienne d'ouverture

Le Seigneur a comblé de l'esprit d'intelligence saint Bernard dont l'enseignement, tel un fleuve, irrigua le peuple de Dieu.

Prière

Seigneur Dieu, tu as voulu que le saint abbé Bernard, dévoré par l'amour de ta maison, soit dans ton Église une lampe qui éclaire et qui brûle ; par son intercession, accorde-nous d'avancer toujours en fils de lumière, dans la ferveur du même esprit. Par Jésus… — ***Amen.***

Lecture

du livre du prophète Ézékiel (28, 1-10)

« Tu es un homme et non un dieu, toi qui prends tes pensées pour des pensées divines »

En ces jours-là, la parole du Seigneur me fut adressée : « Fils d'homme, tu diras au prince de la ville de Tyr : Ainsi parle le Seigneur Dieu : Ton cœur s'est exalté et tu as dit : "Je suis un dieu, j'habite une résidence divine, au cœur des mers." Pourtant, tu es un homme et non un dieu, toi qui prends tes pensées pour des pensées divines. Tu serais donc plus sage que Daniel, il n'y aurait pas de secret trop profond pour toi ? Par ta sagesse et ton intelligence tu as fait fortune, tu as accumulé l'or

et l'argent dans tes trésors. Par ton génie du commerce, tu as multiplié ta fortune, et à cause de cette fortune ton cœur s'est exalté. C'est pourquoi, ainsi parle le Seigneur Dieu : Parce que tu prends tes pensées pour des pensées divines, je fais venir contre toi des barbares, une nation redoutable. Ils tireront l'épée contre ta belle sagesse, ils profaneront ta splendeur. Ils te feront descendre dans la fosse et tu mourras au cœur des mers, d'une mort violente. Oseras-tu dire encore devant tes meurtriers : "Je suis dieu*" ? Sous la main de ceux qui te transperceront, tu seras un homme et non un dieu. Tu mourras de la mort des païens incirconcis, par la main des barbares. Oui, moi, j'ai parlé, – oracle du Seigneur Dieu. »
– Parole du Seigneur.

Cantique Deutéronome 32, 26-27ab, 27cd.28, 30, 35cd-36ab

℟ ***C'est moi qui fais mourir et vivre.***

Le Seigneur dit :
« Je les réduirai en menue paille ;
j'effacerai leur souvenir
parmi les hommes ! »
Mais il y a l'arrogance de l'ennemi !
J'ai peur d'une méprise chez l'adversaire. ℟

On dirait : « C'est notre main qui a le dessus !
Non, le Seigneur n'y est pour rien ! »
Cette nation a perdu le jugement,
ils sont incapables de comprendre. ℟

Se peut-il que, par un seul,
mille hommes soient poursuivis,
et que, par deux,
dix mille soient mis en fuite,
sans que leur Rocher les ait vendus,
que le Seigneur les ait livrés ? ℟

Oui, proche est le jour de leur ruine,
imminent, le sort qui les attend ;

car le Seigneur fera justice à son peuple,
il prendra en pitié ses serviteurs. ℟

Acclamation de l'Évangile

Alléluia. Alléluia. Jésus Christ s'est fait pauvre, lui qui était riche, pour que vous deveniez riches par sa pauvreté. ***Alléluia.***

Évangile de Jésus Christ

selon saint Matthieu (19, 23-30)

« Il est plus facile à un chameau de passer par un trou d'aiguille qu'à un riche d'entrer dans le royaume des Cieux »

En ce temps-là, Jésus disait à ses disciples : « Amen, je vous le dis : un riche entrera difficilement dans le royaume des Cieux. Je vous le répète : il est plus facile à un chameau de passer par un trou d'aiguille qu'à un riche d'entrer dans le royaume des Cieux. » Entendant ces paroles, les disciples furent profondément déconcertés, et ils disaient : « Qui donc peut être sauvé ? » Jésus posa sur eux son regard et dit : « Pour les hommes, c'est impossible, mais pour Dieu tout est possible. » Alors Pierre prit la parole et dit à Jésus : « Voici que nous avons tout quitté pour te suivre : quelle sera donc notre part ? » Jésus leur déclara : « Amen, je vous le dis : lors du renouvellement du monde, lorsque le Fils de l'homme siégera sur son trône de gloire, vous qui m'avez suivi, vous siégerez vous aussi sur douze trônes pour juger les douze tribus d'Israël. Et celui qui aura quitté, à cause de mon nom, des maisons, des frères,

des sœurs, un père, une mère, des enfants, ou une terre, recevra le centuple, et il aura en héritage la vie éternelle. Beaucoup de premiers seront derniers, beaucoup de derniers seront premiers. »

Prière sur les offrandes

Nous te présentons, Dieu de majesté, le sacrement de l'unité et de la paix, en ce jour où nous faisons mémoire de saint Bernard, lui qui travailla de toutes ses forces, par une parole et une action remarquables, à favoriser la concorde en ton Église. Par le Christ, notre Seigneur. – ***Amen.***

Antienne de la communion

Comme le Père m'a aimé,
moi aussi, je vous ai aimés,
dit le Seigneur.
Demeurez dans mon amour.
(Jn 15, 9)

Prière après la communion

Que la nourriture reçue en célébrant saint Bernard nous soit profitable, Seigneur, afin que, réconfortés par son exemple et guidés par ses conseils, nous soyons saisis d'amour pour ton Verbe incarné. Lui qui… – ***Amen.***

INVITATION

En cette fête de saint Bernard, je prie pour toute la famille cistercienne.

COMMENTAIRE

Par surcroît

Matthieu 19, 23-30

« Qui donc peut être sauvé ? » Personne ne peut se sauver lui-même, quels que soient ses mérites, ses capacités et tous ses talents. Le salut ne peut venir que de Dieu. Celui-ci l'offre à tous ses enfants à une condition : il faut se rendre disponible pour le recevoir dans la confiance. Et la récompense promise vient par surcroît, de la grâce d'un Dieu qui donne à la mesure de son amour infini. Comment imprégnons-nous notre vie de bonté envers les autres ? ■

***Jean-Paul Musangania**, prêtre assomptionniste*

✲ CLÉ DE LECTURE

« Je suis dieu »

Ézékiel 28, 9 *(p. 154)*

Cet oracle contre la ville de Tyr est une relecture politique du chapitre 3 de la Genèse. Le roi de Tyr devient la figure de tous les pouvoirs humains, politiques et économiques, aux prétentions exorbitantes. Ézékiel brosse le portrait de sa réussite : puissance, richesse et luxe, mais aussi intelligence et habileté. Tout cela, dans une démesure sans borne, finira par s'écrouler : lorsque l'être humain prétend s'égaler à Dieu, il renverse le projet créateur qui est de faire l'humain « à l'image » de Dieu. Il s'empare comme d'un dû de la condition divine. Mais la violence des hommes se retourne enfin contre eux et les détruit. La véritable image de Dieu sera celui qui, abandonnant sa condition divine, se fera serviteur et retournera sa puissance en don de soi. ■

***Roselyne Dupont-Roc**, bibliste*

MERCREDI 21 AOÛT 2024

20E SEMAINE DU TEMPS ORDINAIRE COULEUR LITURGIQUE : BLANC

Saint Pie X

1835-1914. Intraitable défenseur de la foi, Joseph Sarto – élu pape en 1903 – remit à l'honneur la communion précoce et fréquente, ainsi que la musique sacrée.

Antienne d'ouverture

Le Seigneur s'est choisi saint Pie X comme grand prêtre,
et, lui ouvrant ses trésors, il l'a comblé de tous les biens.

OU

Voici le grand prêtre qui pendant sa vie fut agréable à Dieu.
C'est pourquoi le Seigneur a fait serment de le faire grandir au milieu de son peuple. (cf. Si 50, 1 ; 44, 16.22)

Prière

Seigneur Dieu, pour veiller sur la foi catholique et récapituler toutes choses dans le Christ, tu as comblé le pape saint Pie X de sagesse divine et de courage apostolique ; accorde-nous de suivre ses instructions et ses exemples pour obtenir l'éternelle récompense. Par Jésus… ***— Amen.***

Lecture

du livre du prophète Ézékiel (34, 1-11)

« J'arracherai mes brebis de leur bouche et elles ne seront plus leur proie »

La parole du Seigneur me fut adressée : « Fils d'homme, prophétise contre les bergers d'Israël, prophétise. Tu leur diras : Ainsi parle le Seigneur Dieu : Quel malheur pour les bergers d'Israël qui sont bergers pour

eux-mêmes ! N'est-ce pas pour les brebis qu'ils sont bergers ? Vous, au contraire, vous buvez leur lait, vous vous êtes habillés avec leur laine, vous égorgez les brebis grasses, vous n'êtes pas bergers pour le troupeau. Vous n'avez pas rendu des forces à la brebis chétive, soigné celle qui était malade, pansé celle qui était blessée. Vous n'avez pas ramené la brebis égarée, cherché celle qui était perdue. Mais vous les avez gouvernées avec violence et dureté. Elles se sont dispersées, faute de berger, pour devenir la proie de toutes les bêtes sauvages. Mon troupeau s'égare sur toutes les montagnes et toutes les collines élevées ; mes brebis sont dispersées dans tout le pays, personne ne les cherche, personne ne part à leur recherche. C'est pourquoi, bergers, écoutez la parole du Seigneur : Par ma vie – oracle du Seigneur Dieu –, puisque mon troupeau est mis au pillage et devient la proie des bêtes sauvages, faute de berger, parce que mes bergers ne s'occupent pas de mon troupeau, parce qu'ils sont bergers pour eux-mêmes au lieu de l'être pour mon troupeau, eh bien, bergers, écoutez la parole du Seigneur : Ainsi parle le Seigneur Dieu : Me voici contre les bergers. Je m'occuperai de mon troupeau à leur place, je les empêcherai de le faire paître, et ainsi ils ne seront plus mes bergers ; j'arracherai mes brebis de leur bouche et elles ne seront plus leur proie. Car ainsi parle le Seigneur Dieu : Voici que moi-même, je m'occuperai de mes brebis, et je veillerai sur elles. »

– Parole du Seigneur.

Psaume 22 (23)

℟ *Le Seigneur est mon berger : rien ne saurait me manquer.*

Le Seigneur est mon berger :
je ne manque de rien.
Sur des prés d'herbe fraîche,
il me fait reposer. ℟

Il me mène vers les eaux tranquilles
et me fait revivre ;
il me conduit par le juste chemin
pour l'honneur de son nom. ℟

Si je traverse les ravins de la mort,
je ne crains aucun mal,
car tu es avec moi :
ton bâton me guide et me rassure. ℟

Tu prépares la table pour moi
devant mes ennemis ;
tu répands le parfum sur ma tête,
ma coupe est débordante. ℟

Grâce et bonheur m'accompagnent
tous les jours de ma vie ;
j'habiterai la maison du Seigneur
pour la durée de mes jours. ℟

Acclamation de l'Évangile

Alléluia. Alléluia. Elle est vivante, efficace, la parole de Dieu ; elle juge des intentions et des pensées du cœur. ***Alléluia.***

Évangile de Jésus Christ

selon saint Matthieu (20, 1-16)

« Ton regard est-il mauvais parce que moi, je suis bon ? »

En ce temps-là, Jésus disait à ses disciples cette parabole : « Le royaume des Cieux est comparable au maître d'un domaine qui sortit dès le matin afin d'embaucher des ouvriers pour sa vigne. Il se mit d'accord avec eux sur le salaire de la journée : un denier, c'est-à-dire une pièce d'argent, et il les envoya à sa vigne. Sorti vers neuf heures, il en vit d'autres qui étaient là, sur la place, sans rien faire. Et à ceux-là, il dit : "Allez à ma vigne, vous aussi, et je vous donnerai ce qui est juste." Ils y allèrent. Il sortit de nouveau vers midi, puis vers trois heures, et fit de même. Vers cinq heures, il sortit encore, en trouva d'autres qui étaient là et leur dit : "Pourquoi êtes-vous restés là, toute la journée, sans rien faire ?" Ils lui répondirent : "Parce que personne ne nous a embauchés." Il leur dit : "Allez à ma vigne, vous aussi."

« Le soir venu, le maître de la vigne dit à son intendant : "Appelle les ouvriers et distribue le salaire, en commençant par les derniers pour finir par les premiers." Ceux qui avaient commencé à cinq heures s'avancèrent et reçurent chacun une pièce d'un denier. Quand vint le tour des premiers, ils pensaient recevoir davantage, mais ils reçurent, eux aussi, chacun une pièce d'un denier. En la recevant, ils récriminaient contre le maître du domaine : "Ceux-là, les derniers venus, n'ont fait qu'une heure, et tu les traites à l'égal de nous, qui avons enduré le poids du jour et de la chaleur !" Mais le maître répondit à l'un d'entre eux : "Mon ami, je ne suis pas injuste envers toi.

N'as-tu pas été d'accord avec moi pour un denier ? Prends ce qui te revient, et va-t'en. Je veux donner au dernier venu autant qu'à toi : n'ai-je pas le droit de faire ce que je veux de mes biens ? Ou alors ton regard est-il mauvais* parce que moi, je suis bon ?" C'est ainsi que les derniers seront premiers, et les premiers seront derniers. »

Prière sur les offrandes

En ta bonté, Seigneur, tu accueilles nos offrandes ; donne-nous de suivre les enseignements du pape saint Pie X, afin de célébrer avec respect ces mystères divins, et d'y communier avec foi. Par le Christ, notre Seigneur. **— *Amen.***

Antienne de la communion

Le bon pasteur, le vrai berger,
a donné sa vie pour ses brebis.
(cf. Jn 10, 11)

Prière après la communion

En célébrant la mémoire du pape saint Pie X, nous te prions, Seigneur notre Dieu : que notre participation à la table du ciel nous fortifie, qu'elle nous rende fermes dans la foi, et unis dans ton amour. Par le Christ, notre Seigneur. **— *Amen.***

INVITATION

Je garde en mémoire tout au long de cette journée
que « les derniers seront premiers, et les premiers seront derniers ».

COMMENTAIRE

Le champion de la générosité

Matthieu 20, 1-16

« Allez à ma vigne, vous aussi, et je vous donnerai ce qui est juste. » Pour mieux s'engager à nos côtés, Dieu confie une responsabilité à chacun d'entre nous. Mais il nous invite à quitter nos comparaisons humaines pour entrer dans sa bonté infinie. Loin d'être dans la logique de la rentabilité et du profit, Dieu surpasse tous les records de générosité. Il nous mène dans la dynamique du partage et de l'accueil de tous. ■

Jean-Paul Musangania, prêtre assomptionniste

✲ CLÉ DE LECTURE

« Mauvais »

Matthieu 20, 15 *(p. 162)*

Ce n'est pas juste ! Pourquoi ces récriminations, dans lesquelles nous nous reconnaissons aisément ? Notre société, si soucieuse d'égalité, a du mal à accepter ce qui lui apparaît comme une injustice. Le maître du domaine, ici, est pourtant absolument juste, payant à chacun ce qu'il avait promis. Mais, librement, il donne plus à celui qui a moins œuvré. Au contraire, nous ne cessons de comparer, de jalouser, de juger. Sans rien comprendre à la bonté de Dieu, nous regardons l'autre avec un œil mauvais ; ce regard mauvais qui a conduit Caïn à tuer son frère ; ce « mauvais » dont Jésus, dans le Notre Père, nous apprend à demander à Dieu de nous délivrer. Donne-nous d'entrer dans ton regard de bonté pour les derniers venus. ■

Roselyne Dupont-Roc, bibliste

JEUDI 22 AOÛT 2024

COULEUR LITURGIQUE : BLANC

Bienheureuse Vierge Marie Reine

En l'octave de l'Assomption, l'Église célèbre aujourd'hui la puissance de Marie, qui intercède pour nous comme mère. Cet aspect triomphal de royauté présage déjà l'Église glorieuse du ciel.

Antienne d'ouverture

À ta droite, Seigneur, se tient la Reine, vêtue d'étoffes d'or.

(cf. Ps 44, 10)

Prière

Seigneur Dieu, tu as voulu que la Mère de ton Fils soit notre Mère et notre Reine ; fais que, soutenus par son intercession, nous obtenions dans le royaume des Cieux la gloire promise à tes enfants. Par Jésus… ***— Amen.***

Lectures propres à la mémoire de la bienheureuse Vierge Marie Reine.

Lecture

du livre du prophète Isaïe (9, 1-6)

« Un enfant nous est né »

Le peuple qui marchait dans les ténèbres a vu se lever une grande lumière ; et sur les habitants du pays de l'ombre, une lumière a resplendi. Tu as prodigué la joie, tu as fait grandir l'allégresse : ils se réjouissent devant toi, comme on se réjouit de la moisson, comme on exulte au partage du butin.

Car le joug qui pesait sur lui, la barre qui meurtrissait son épaule, le bâton du tyran, tu les as brisés comme au jour de Madiane. Et les bottes qui frappaient le sol, et les manteaux

couverts de sang, les voilà tous brûlés : le feu les a dévorés.
Oui, un enfant nous est né, un fils nous a été donné ! Sur son épaule est le signe du pouvoir* ; son nom est proclamé : « Conseiller-merveilleux, Dieu-Fort, Père-à-jamais, Prince-de-la-Paix. » Et le pouvoir s'étendra, et la paix sera sans fin pour le trône de David et pour son règne qu'il établira, qu'il affermira sur le droit et la justice dès maintenant et pour toujours. Il fera cela, l'amour jaloux du Seigneur de l'univers !
– Parole du Seigneur.

Psaume 112 (113)

℟ ***Béni soit le nom du Seigneur, maintenant et pour les siècles des siècles !***
OU ***Alléluia.***

Louez, serviteurs du Seigneur,
louez le nom du Seigneur !
Béni soit le nom du Seigneur,
maintenant et pour les siècles des siècles ! ℟

Du levant au couchant du soleil,
loué soit le nom du Seigneur !
Le Seigneur domine tous les peuples,
sa gloire domine les cieux. ℟

Qui est semblable au Seigneur notre Dieu ?
Lui, il siège là-haut.
Mais il abaisse son regard
vers le ciel et vers la terre. ℟

De la poussière il relève le faible,
il retire le pauvre de la cendre
pour qu'il siège parmi les princes,
parmi les princes de son peuple. ℟

18 - 24

Acclamation de l'Évangile

Alléluia. Alléluia. Je te salue, Marie, Comblée-de-grâce : le Seigneur est avec toi, tu es bénie entre les femmes. ***Alléluia.***

Évangile de Jésus Christ

selon saint Luc (1, 26-38)

« Voici que tu vas concevoir et enfanter un fils »

En ce temps-là, l'ange Gabriel fut envoyé par Dieu dans une ville de Galilée, appelée Nazareth, à une jeune fille vierge, accordée en mariage à un homme de la maison de David, appelé Joseph ; et le nom de la jeune fille était Marie. L'ange entra chez elle et dit : « Je te salue, Comblée-de-grâce, le Seigneur est avec toi. » À cette parole, elle fut toute bouleversée, et elle se demandait ce que pouvait signifier cette salutation. L'ange lui dit alors : « Sois sans crainte, Marie, car tu as trouvé grâce auprès de Dieu. Voici que tu vas concevoir et enfanter un fils ; tu lui donneras le nom de Jésus. Il sera grand, il sera appelé Fils du Très-Haut ; le Seigneur Dieu lui donnera le trône de David son père ; il régnera pour toujours sur la maison de Jacob, et son règne n'aura pas de fin. » Marie dit à l'ange : « Comment cela va-t-il se faire, puisque je ne connais pas d'homme ? » L'ange lui répondit : « L'Esprit Saint viendra sur toi, et la puissance du Très-Haut te prendra sous son ombre ; c'est pourquoi celui qui va naître sera saint, il sera appelé Fils de Dieu. Or voici que, dans sa vieillesse, Élisabeth, ta parente, a conçu, elle aussi, un fils et en est à son sixième mois, alors qu'on l'appelait la femme stérile. Car rien n'est impossible à Dieu. » Marie dit alors : « Voici la servante du Seigneur ; que tout m'advienne selon ta parole. » Alors l'ange la quitta.

Prière sur les offrandes

En célébrant la mémoire de la bienheureuse Vierge Marie, nous te présentons nos offrandes, Seigneur ; et nous t'en supplions : que l'humanité de ton Fils vienne à notre secours, puisqu'il s'est livré sur la croix comme une offrande pure. Lui qui… ***– Amen.***

Préface de la bienheureuse Vierge Marie, p. 234.

Antienne de la communion

Bienheureuse, toi qui as cru
à l'accomplissement des paroles
qui te furent dites
de la part du Seigneur.
(cf. Lc 1, 45)

Prière après la communion

Nourris par le sacrement du ciel, nous te supplions, Seigneur : donne à ceux qui vénèrent en ce jour la bienheureuse Vierge Marie, d'être jugés dignes de participer au banquet de l'éternité. Par le Christ, notre Seigneur. ***– Amen.***

INVITATION

En ce jour, je peux prier le chapelet de Lourdes, en direct à 15 h 30 sur le site internet du sanctuaire de Lourdes ou en le suivant dans les médias.

COMMENTAIRE

Elle a dit « oui » ! Luc 1, 26-38

La réponse de Marie – « Voici la servante du Seigneur » – nous dévoile sa totale ouverture à Dieu. Par son « oui », Marie accueille l'Alliance nouvelle pour notre humanité, celle de la venue du Sauveur qui veut vivre en chacun de nous. Si nous répondons « oui » à la suite de Marie, nous devenons, nous aussi, porteurs de lumière. Suis-je disposé à rencontrer le Seigneur aujourd'hui pour lui faire part de mon « oui » ? ■

***Jean-Paul Musangania**, prêtre assomptionniste*

✻ CLÉ DE LECTURE

« Le signe du pouvoir » Isaïe 9, 5 *(p. 165)*

L'ère de paix et de prospérité espérée avec la montée au pouvoir de l'enfant royal est d'abord décrite en termes de victoire et de libération des ennemis. L'expression « son épaule » change de signe : le bâton de l'oppresseur meurtrit, l'insigne royal libère et ouvre un avenir nouveau ! Au-delà de la promesse faite à la maison de David, le prophète dessine les traits du roi idéal, aux titres merveilleux, et dont le rôle sera de faire régner « le droit et la justice » (Jr 22, 3). Pour le peuple des petits voués à la mort s'ouvre une vision de lumière. Ces mots seront repris huit siècles plus tard dans le cantique de Zacharie, annonçant la naissance d'un petit enfant et la montée de l'astre d'en haut (cf. Lc 1, 76-79), figures du Messie attendu. ■

***Roselyne Dupont-Roc**, bibliste*

VENDREDI 23 AOÛT 2024

20E SEMAINE DU TEMPS ORDINAIRE COULEUR LITURGIQUE : VERT

Temps ordinaire, *suggestion d'oraisons et d'antiennes n° 5*
ou **sainte Rose de Lima,** *voir p. 174*

Antienne d'ouverture

Venez, adorons Dieu, prosternons-nous devant le Seigneur qui nous a faits, car il est notre Dieu.
(cf. Ps 94, 6-7)

Prière

Dans ton inlassable tendresse, nous t'en prions, Seigneur, veille sur ta famille : elle s'appuie sur la grâce du ciel, son unique espérance ; qu'elle soit toujours assurée de ta protection. Par Jésus… — ***Amen.***

Lecture

du livre du prophète Ézékiel (37, 1-14)

« Ossements desséchés, écoutez la parole du Seigneur : de vos tombeaux je vous ferai remonter, ô mon peuple »

En ces jours-là, la main du Seigneur se posa sur moi, par son esprit il m'emporta et me déposa au milieu d'une vallée ; elle était pleine d'ossements. Il me fit circuler parmi eux ; le sol de la vallée en était couvert, et ils étaient tout à fait desséchés. Alors le Seigneur me dit : « Fils d'homme, ces ossements peuvent-ils revivre ? » Je lui répondis : « Seigneur Dieu, c'est toi qui le sais ! » Il me dit alors : « Prophétise sur ces ossements. Tu

leur diras : Ossements desséchés, écoutez la parole du Seigneur : Ainsi parle le Seigneur Dieu à ces ossements : Je vais faire entrer en vous l'esprit, et vous vivrez. Je vais mettre sur vous des nerfs, vous couvrir de chair, et vous revêtir de peau ; je vous donnerai l'esprit, et vous vivrez. Alors vous saurez que Je suis le Seigneur. »
Je prophétisai, comme j'en avais reçu l'ordre. Pendant que je prophétisais, il y eut un bruit, puis une violente secousse, et les ossements se rapprochèrent les uns des autres. Je vis qu'ils se couvraient de nerfs, la chair repoussait, la peau les recouvrait, mais il n'y avait pas d'esprit en eux.
Le Seigneur me dit alors : « Adresse une prophétie à l'esprit, prophétise, fils d'homme. Dis à l'esprit : Ainsi parle le Seigneur Dieu : Viens des quatre vents, esprit ! Souffle sur ces morts, et qu'ils vivent ! » Je prophétisai, comme il m'en avait donné l'ordre, et l'esprit entra en eux ; ils revinrent à la vie, et ils se dressèrent sur leurs pieds : c'était une armée immense !
Puis le Seigneur me dit : « Fils d'homme, ces ossements, c'est toute la maison d'Israël. Car ils disent : "Nos ossements sont desséchés, notre espérance est détruite, nous sommes perdus !" C'est pourquoi, prophétise. Tu leur diras : Ainsi parle le Seigneur Dieu : Je vais ouvrir vos tombeaux et je vous en ferai remonter, ô mon peuple, et je vous ramènerai sur la terre d'Israël. Vous saurez que Je suis le Seigneur, quand j'ouvrirai vos tombeaux et vous en ferai remonter, ô mon peuple ! Je mettrai en vous mon esprit, et vous vivrez ; je vous donnerai le repos sur votre terre. Alors vous saurez que Je suis le Seigneur : j'ai parlé et je le ferai – oracle du Seigneur. »
– Parole du Seigneur.

Psaume 106 (107)

℞ ***Rendez grâce au Seigneur : Il est bon ! Éternel est son amour !***

OU

Alléluia !

Ils le diront, les rachetés du Seigneur,
qu'il racheta de la main de l'oppresseur,
qu'il rassembla de tous les pays,
du nord et du midi,
du levant et du couchant. ℞

Certains erraient dans le désert
sur des chemins perdus,
sans trouver de ville où s'établir :
ils souffraient la faim et la soif,
ils sentaient leur âme défaillir. ℞

Dans leur angoisse,
ils ont crié vers le Seigneur,
et lui les a tirés de la détresse :
il les conduit sur le bon chemin,
les mène vers une ville où s'établir. ℞

Qu'ils rendent grâce au Seigneur
de son amour,
de ses merveilles pour les hommes :
car il étanche leur soif,
il comble de bien les affamés ! ℞

Acclamation de l'Évangile

Alléluia. Alléluia. Fais-moi connaître ta route, mon Dieu ; dirige-moi par ta vérité. ***Alléluia.***

Évangile de Jésus Christ

selon saint Matthieu (22, 34-40)

« Tu aimeras le Seigneur ton Dieu de tout ton cœur, et ton prochain comme toi-même »

En ce temps-là, les pharisiens, apprenant que Jésus avait fermé la bouche aux sadducéens, se réunirent, et l'un d'entre eux, un docteur de la Loi, posa une question à Jésus pour le mettre à l'épreuve : « Maître, dans la Loi, quel est le grand commandement ? » Jésus lui répondit : « *Tu aimeras le Seigneur ton Dieu de tout ton cœur, de toute ton âme et de tout ton esprit.* Voilà le grand, le premier commandement. Et le second lui est semblable : *Tu aimeras ton prochain comme toi-même.* De ces deux commandements dépend toute la Loi, ainsi que les Prophètes. »

Prière sur les offrandes

Seigneur notre Dieu, tu as choisi dans ta création ces aliments qui soutiennent notre fragilité ; nous t'en prions : fais qu'ils deviennent aussi pour nous le sacrement de la vie éternelle. Par le Christ, notre Seigneur. ***— Amen.***

Antienne de la communion

Qu'ils rendent grâce au Seigneur
pour sa miséricorde,
pour ses merveilles envers les hommes :
car il rassasie l'âme épuisée,
il comble de biens celle qui a faim !
(cf. Ps 106, 8-9)

OU

Heureux ceux qui pleurent,
car ils seront consolés.
Heureux ceux qui ont faim et soif
de la justice,
car ils seront rassasiés.
(Mt 5, 4.6)

Prière après la communion

Tu as voulu, Seigneur Dieu, que nous ayons part au même pain et à la même coupe ; nous t'en prions : puisque nous sommes devenus un dans le Christ, que notre manière de vivre nous donne la joie de porter du fruit pour le salut du monde. Par le Christ, notre Seigneur. – ***Amen.***

INVITATION

Comment puis-je aujourd'hui mettre en pratique ce double commandement : aimer Dieu et mon prochain ?

COMMENTAIRE

Authentiquement fraternel

Matthieu 22, 34-40

Pour Jésus, l'amour de Dieu et l'amour du prochain sont indissociables. L'accomplissement d'un service pour Dieu se vérifie dans l'authenticité de la rencontre fraternelle avec autrui. Cet amour nous rappelle la nécessité de l'attention à chaque personne. Il passe par l'humble écoute et le soutien des plus délaissés. Suis-je prompt à soutenir et à promouvoir la vie de la personne qui se tient debout à mes côtés ? ■

Jean-Paul Musangania, *prêtre assomptionniste*

Sainte Rose de Lima

Couleur liturgique : blanc

1586-1617. Première sainte des Amériques. Dans sa ville natale de Lima (Pérou), cette tertiaire dominicaine se consacra à la prière, aux mortifications et au service des pauvres.

Antienne d'ouverture

Viens, épouse du Christ,
reçois la couronne que le Seigneur
t'a préparée pour l'éternité.

Prière

Seigneur Dieu, tu as inspiré à sainte Rose de Lima, brûlant de ton amour, de quitter le monde pour s'attacher à toi seul dans une austère pénitence ; accorde-nous, à son intercession, de choisir sur la terre le chemin de la vie, pour goûter au ciel des joies inépuisables. Par Jésus… **– *Amen.***

Prière sur les offrandes

Accepte, Seigneur, l'humble hommage que nous te présentons en mémoire de la vierge sainte Rose de Lima ; et, par cette offrande immaculée, fais-nous brûler sans cesse en ta présence d'un amour fidèle et saint. Par le Christ, notre Seigneur. **– *Amen.***

Antienne de la communion

La vierge prévoyante a choisi
la meilleure part,
celle qui ne lui sera pas enlevée.
(cf. Lc 10, 42)

Prière après la communion

Déjà réconfortés par le pain du ciel, nous implorons humblement ta bonté, Seigneur : en ce jour où nous avons la joie de faire mémoire de sainte Rose de Lima, accorde-nous le pardon de nos fautes, donne à nos corps la santé, à nos âmes, ta grâce et la gloire sans fin. Par le Christ, notre Seigneur. **– *Amen.***

SAMEDI 24 AOÛT 2024

COULEUR LITURGIQUE : ROUGE

Saint Barthélemy

Ier siècle. Un des douze Apôtres de Jésus.
On l'identifie à Nathanaël de l'évangile de saint Jean.

Antienne d'ouverture

De jour en jour, annoncez le salut de Dieu,
annoncez parmi les nations sa gloire.
(cf. Ps 95, 2-3)

Gloire à Dieu *(p. 228)*

Prière

Fortifie en nous, Seigneur, la foi sincère qui unissait à ton Fils le bienheureux apôtre Barthélemy ; et fais qu'à sa prière, ton Église devienne pour tous les peuples le sacrement du salut. Par Jésus… ***— Amen.***

Lectures propres à la fête de saint Barthélemy.

Lecture

de l'Apocalypse de saint Jean (21, 9b-14)

« Les fondations portaient les douze noms des douze Apôtres de l'Agneau »

Moi, Jean, j'ai vu un ange qui me disait : « Viens, je te montrerai la Femme, l'Épouse de l'Agneau. » En esprit, il m'emporta sur une grande et haute montagne ; il me montra la Ville sainte, Jérusalem, qui descendait du ciel, d'auprès de Dieu : elle avait en elle la gloire de Dieu ; son éclat

18 - 24

était celui d'une pierre très précieuse, comme le jaspe cristallin. Elle avait une grande et haute muraille, avec douze portes et, sur ces portes, douze anges; des noms y étaient inscrits : ceux des douze tribus des fils d'Israël. Il y avait trois portes à l'orient, trois au nord, trois au midi, et trois à l'occident. La muraille de la ville reposait sur douze fondations portant les douze noms des douze Apôtres de l'Agneau.
– Parole du Seigneur.

Psaume 144 (145)

℟ ***Que tes fidèles, Seigneur, disent la gloire de ton règne.***

Que tes œuvres, Seigneur, te rendent grâce
et que tes fidèles te bénissent !
Ils diront la gloire de ton règne,
ils parleront de tes exploits. ℟

Ils annonceront aux hommes tes exploits,
la gloire et l'éclat de ton règne :
ton règne, un règne éternel,
ton empire, pour les âges des âges. ℟

Le Seigneur est juste en toutes ses voies,
fidèle en tout ce qu'il fait.
Il est proche de ceux qui l'invoquent,
de tous ceux qui l'invoquent en vérité. ℟

Acclamation de l'Évangile

Alléluia. Alléluia. Rabbi, c'est toi le Fils de Dieu ! C'est toi le roi d'Israël ! ***Alléluia.***

Évangile de Jésus Christ

selon saint Jean (1, 45-51)

« Voici vraiment un Israélite : il n'y a pas de ruse en lui »

En ce temps-là, Philippe trouve Nathanaël et lui dit : « Celui dont il est écrit dans la loi de Moïse et chez les Prophètes, nous l'avons trouvé : c'est Jésus fils de Joseph, de Nazareth. » Nathanaël répliqua : « De Nazareth peut-il sortir quelque chose de bon ? » Philippe répond : « Viens, et vois. »

Lorsque Jésus voit Nathanaël venir à lui, il déclare à son sujet : « Voici vraiment un Israélite : il n'y a pas de ruse en lui. » Nathanaël lui demande : « D'où me connais-tu ? » Jésus lui répond : « Avant que Philippe t'appelle, quand tu étais sous le figuier, je t'ai vu. » Nathanaël lui dit : « Rabbi, c'est toi le Fils de Dieu ! C'est toi le roi d'Israël ! » Jésus reprend : « Je te dis que je t'ai vu sous le figuier, et c'est pour cela que tu crois ! Tu verras des choses plus grandes encore. » Et il ajoute : « Amen, amen, je vous le dis : vous verrez le ciel ouvert, et les anges de Dieu monter et descendre au-dessus du Fils de l'homme. »

18 - 24

Prière sur les offrandes

En célébrant la fête du bienheureux apôtre Barthélemy, Seigneur, nous te prions : par son intercession, accorde-nous ton secours, puisque nous t'offrons en son honneur ce sacrifice de louange. Par le Christ, notre Seigneur. — ***Amen.***

Préface des Apôtres, p. 235.

Antienne de la communion
Je dispose pour vous du Royaume comme mon Père en a disposé pour moi : vous mangerez et boirez à ma table dans mon Royaume, dit le Seigneur.
(Lc 22, 29-30)

Prière après la communion
Nous avons reçu, Seigneur, le gage du salut éternel en célébrant la fête du bienheureux apôtre Barthélemy ; nous t'en prions : que cette communion nous soit un secours pour la vie présente et la vie future. Par le Christ, notre Seigneur. — ***Amen.***

INVITATION

Je cherche dans les textes du jour une phrase ou un verset qui pourra m'accompagner dans ma journée.

COMMENTAIRE

À la rencontre du Christ Jean 1, 45-51

« Viens, et vois. » Jésus se donne aux cœurs disponibles à sa venue. Il nous rejoint sur nos routes mais invite chacun à le choisir de manière responsable et libre. Nathanaël, que la tradition de l'Église a identifié sous le nom de saint Barthélemy, s'est émerveillé de ce Jésus qui l'a reconnu après l'avoir vu sous le figuier, après l'avoir vu lire les Écritures. Comment puis-je me laisser rencontrer et enseigner par le Christ dans la méditation de la Parole ? ■

***Jean-Paul Musangania**, prêtre assomptionniste*

DIMANCHE 25 AOÛT 2024

21E DIMANCHE DU TEMPS ORDINAIRE

ANNÉE B - COULEUR LITURGIQUE : VERT

© Catherine Chion

« Voulez-vous partir, vous aussi ? » C'est à nous que Jésus pose la question aujourd'hui, question qui place chacun en vérité devant le Seigneur et qui nous oblige à lui redire notre attachement, notre amour. Pour renouveler ainsi l'expression de notre foi, nous avons besoin de l'Esprit Saint. Implorons sa venue dans nos cœurs.

RITES INITIAUX

Chant d'entrée *(Suggestions p. 258)*

OU

Antienne d'ouverture

Incline vers moi ton oreille, Seigneur, exauce-moi.
Sauve, ô mon Dieu, ton serviteur qui espère en toi. Prends pitié de moi, Seigneur, toi que j'appelle tout le jour. (cf. Ps 85, 1-3)

Suggestion de préparation pénitentielle *(ou p. 226)*

Frères et sœurs, alors que nous célébrons le mystère de notre salut, invoquons le pardon de nos fautes, demandons au Seigneur de purifier nos esprits et nos cœurs.

Seigneur Jésus, envoyé par le Père pour faire de nous le peuple de la Nouvelle Alliance, tu mets en nous ton Esprit d'amour. Kyrie, eleison.

— Kyrie, eleison.

Ô Christ, mort et ressuscité pour sauver tous les pécheurs, tu nous accordes ton pardon. Christe, eleison.

— Christe, eleison.

Seigneur, parole de la vie éternelle, tu affermis notre foi et tu rachètes tous tes serviteurs. Kyrie, eleison.

— Kyrie, eleison.

Que Dieu tout-puissant nous fasse miséricorde ; qu'il nous pardonne nos péchés et nous conduise à la vie éternelle. ***— Amen.***

Gloire à Dieu *(p. 228)*

Prière

Seigneur Dieu, toi qui unis les cœurs des fidèles dans une seule volonté : donne à ton peuple d'aimer ce que tu commandes et de désirer ce que tu promets, pour qu'au milieu des changements de ce monde, nos cœurs s'établissent fermement là où se trouvent les vraies joies. Par Jésus… ***— Amen.***

LITURGIE DE LA PAROLE

Lecture du livre de Josué (24, 1-2a.15-17.18b)

« Nous voulons servir le Seigneur, car c'est lui notre Dieu »

En ces jours-là, Josué réunit toutes les tribus d'Israël à Sichem ; puis il appela les anciens d'Israël, avec les chefs, les juges et les scribes ; ils se présentèrent devant Dieu. Josué dit alors à tout le peuple : « S'il ne vous plaît pas de servir le Seigneur, choisissez aujourd'hui qui vous voulez servir : les dieux que vos pères servaient au-delà de l'Euphrate, ou les dieux des Amorites dont vous habitez le pays. Moi et les miens, nous voulons servir le Seigneur. » Le peuple répondit : « Plutôt mourir que d'abandonner le Seigneur pour servir d'autres dieux ! C'est le Seigneur notre Dieu qui nous a fait monter, nous et nos pères, du pays d'Égypte, cette maison d'esclavage ; c'est lui qui, sous nos yeux, a accompli tous ces signes

et nous a protégés tout le long du chemin que nous avons parcouru, chez tous les peuples au milieu desquels nous sommes passés. Nous aussi, nous voulons servir le Seigneur, car c'est lui notre Dieu. »
– Parole du Seigneur.

Psaume 33 (34)

℟ ***Goûtez et voyez comme est bon le Seigneur !***

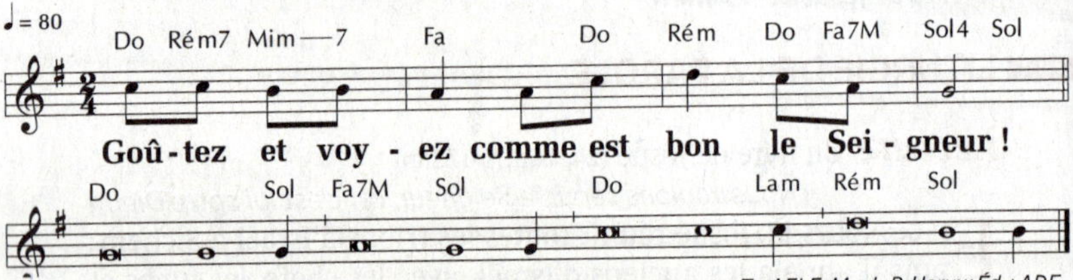

T. : AELF ; M. : J.-P. Hervy ; Éd. : ADF.

Je bénirai le Seigneur en tout temps,
sa louange sans cesse à mes lèvres.
Je me glorifierai dans le Seigneur :
que les pauvres m'entendent et soient en fête ! ℟

Le Seigneur regarde les justes,
il écoute, attentif à leurs cris.
Le Seigneur affronte les méchants
pour effacer de la terre leur mémoire. ℟

Retrouvez ce psaume sur le CD "Les psaumes de l'année B"

Malheur sur malheur pour le juste,
mais le Seigneur chaque fois le délivre.
Il veille sur chacun de ses os :
pas un ne sera brisé. ℟

Le mal tuera les méchants ;
ils seront châtiés d'avoir haï le juste.
Le Seigneur rachètera ses serviteurs :
pas de châtiment pour qui trouve en lui son refuge. ℟

Lecture de la lettre de saint Paul apôtre aux Éphésiens (5, 21-32)

« Ce mystère est grand : je le dis en référence au Christ et à l'Église »

Frères, par respect pour le Christ, soyez soumis les uns aux autres ; les femmes, à leur mari, comme au Seigneur Jésus ; car, pour la femme, le mari est la tête, tout comme, pour l'Église, le Christ est la tête, lui qui est le Sauveur de son corps. Eh bien ! puisque l'Église se soumet au Christ, qu'il en soit toujours de même pour les femmes à l'égard de leur mari.

Vous, les hommes, aimez votre femme à l'exemple du Christ : il a aimé l'Église, il s'est livré lui-même pour elle, afin de la rendre sainte en la purifiant par le bain de l'eau baptismale, accompagné d'une parole ; il voulait se la présenter à lui-même, cette Église, resplendissante, sans tache, ni ride, ni rien de tel ; il la voulait sainte et immaculée. C'est de la même façon que les maris doivent aimer leur femme : comme leur propre corps. Celui qui aime sa femme

s'aime soi-même. Jamais personne n'a méprisé son propre corps : au contraire, on le nourrit, on en prend soin.
C'est ce que fait le Christ pour l'Église, parce que nous sommes les membres de son corps. Comme dit l'Écriture : *À cause de cela, l'homme quittera son père et sa mère, il s'attachera à sa femme, et tous deux ne feront plus qu'un.* Ce mystère est grand : je le dis en référence au Christ et à l'Église. – Parole du Seigneur.

Acclamation de l'Évangile

Alléluia. Alléluia. Tes paroles, Seigneur, sont esprit et elles sont vie.
Tu as les paroles de la vie éternelle. ***Alléluia.***

C 201 Éd. Pierre Zech; T. : J.-P. Lécot; M. : F. O'Carral (Chants notés, t. 6, p. 54-55).

Évangile de Jésus Christ selon saint Jean (6, 60-69)

« Seigneur, à qui irions-nous ? Tu as les paroles de la vie éternelle »

En ce temps-là, Jésus avait donné un enseignement dans la synagogue de Capharnaüm. Beaucoup de ses disciples, qui avaient entendu, déclarèrent : « Cette parole est rude ! Qui peut l'entendre ? » Jésus savait en lui-même que ses disciples récriminaient à son sujet. Il leur dit : « Cela vous scandalise ? Et quand vous verrez le Fils de l'homme monter là où il était auparavant !… C'est l'esprit qui fait vivre, la chair n'est capable de rien. Les paroles que je vous ai dites sont esprit et elles sont vie. Mais il y en a parmi vous qui ne croient pas. » Jésus savait en effet depuis le commencement quels étaient ceux qui ne croyaient pas, et qui était celui qui le livrerait. Il ajouta : « Voilà pourquoi je vous ai dit que personne ne peut venir à moi si cela ne lui est pas donné par le Père. »
À partir de ce moment, beaucoup de ses disciples s'en retournèrent et cessèrent de l'accompagner. Alors Jésus dit aux Douze : « Voulez-vous partir, vous aussi ? » Simon-Pierre lui répondit : « Seigneur, à qui irions-nous ? Tu as les paroles de la vie éternelle. Quant à nous, nous croyons, et nous savons que tu es le Saint de Dieu. »

Homélie

Profession de foi (p. 229)

Suggestion de prière universelle

Le prêtre :

« Le Seigneur regarde les justes » et offre sa parole de vie à tous ceux qui n'ont plus confiance en l'avenir. Avec foi, prions le Christ pour tous les habitants du monde.

℟ ***Entends nos prières, entends nos voix ; entends nos prières monter vers toi.***

G 112 SM ; T. : J. Debruynne/R. Fau ; M. : R. Fau.

Le diacre ou un lecteur :

Regarde avec miséricorde, Seigneur, ton Église toujours en chemin. Qu'elle aille à la rencontre des femmes et des hommes de ce temps pour leur annoncer l'Évangile. Avec foi, nous t'en supplions. ℟

Regarde avec bonté, Seigneur, les élus et dirigeants politiques. Qu'ils agissent toujours en se mettant au service du bien commun et en donnant priorité aux plus pauvres. Avec toute l'Église, nous t'en supplions. ℟

Regarde avec tendresse, Seigneur, les enfants, les petits, les exclus de notre société. Que ton Esprit les enveloppe de compassion et qu'il les rassure. Avec fraternité, nous t'en supplions. ℟

Regarde avec amour, Seigneur, les couples en difficulté et les jeunes se préparant au mariage dans notre paroisse. Qu'ils se sentent associés à la construction du Royaume. Dans la charité, nous t'en supplions. ℟

(Ces intentions seront adaptées ou modifiées selon les circonstances.)

Le prêtre :

Puisque ta parole est source de paix et de vie, Seigneur Christ, nous te prions : accueille favorablement notre prière, toi qui vis et règnes pour les siècles des siècles. – ***Amen.***

LITURGIE EUCHARISTIQUE

Prière sur les offrandes

Par l'unique sacrifice, offert une fois pour toutes, tu t'es donné, Seigneur, le peuple que tu as adopté ; en ta bienveillance, accorde-nous la grâce de l'unité et de la paix dans ton Église. Par le Christ, notre Seigneur. – ***Amen.***

Prière eucharistique *(Préface des dimanches, p. 232)*

Chant de communion *(Suggestions p. 258)*

OU

Antienne de la communion

La terre se rassasie du fruit de tes œuvres, Seigneur,
tu fais produire à la terre le pain,
et le vin qui réjouit le cœur de l'homme.
(cf. Ps 103, 13-15)

OU

Qui mange ma chair et boit mon sang
a la vie éternelle, dit le Seigneur ;
et moi, je le ressusciterai au dernier jour.
(Jn 6, 54)

Prière après la communion

Que ta miséricorde agisse en nous, Seigneur, nous t'en prions, et qu'elle nous guérisse entièrement ; par ta bonté, transforme-nous et rends-nous si fervents que nous puissions te plaire en toute chose. Par le Christ, notre Seigneur. — ***Amen.***

RITE DE CONCLUSION

Bénédiction

Envoi

COMMENTAIRE DU DIMANCHE

Emmanuel Schwab, recteur du sanctuaire de Lisieux

Une parole rude et libre

« À partir de ce moment, beaucoup de ses disciples s'en retournèrent et cessèrent de l'accompagner » (Jn 6, 66). Jésus s'y est-il mal pris ? Pour une fois qu'il ne parlait pas en paraboles ! A-t-il été trop clair ? Trop « cash », comme on dirait aujourd'hui ? « Si vous ne mangez pas la chair du Fils de l'homme, et si vous ne buvez pas son sang, vous n'avez pas la vie en vous » (Jn 6, 53). « Cette parole est rude ! Qui peut l'entendre ? » (Jn 6, 60).

Non seulement Jésus ne se démonte pas et ne présente pas d'excuses pour ses paroles choquantes, mais il demande aux Douze : « Voulez-vous partir, vous aussi ? » (Jn 6, 67). Jésus est libre. À Nazareth déjà, alors que ses propos avaient déplu et qu'on voulait le précipiter du haut d'une •••

••• falaise, « lui, passant au milieu d'eux, allait son chemin » (Lc 4, 30). Le secret de Jésus, c'est de vivre sous le regard du Père et de faire de la volonté du Père sa nourriture. Elle est rude, la parole de Jésus. Si l'Église lui est fidèle, nécessairement, la parole de l'Église sera rude elle aussi : elle dira la grâce du Royaume, qui dévoile la logique du prince de ce monde. C'est la même miséricorde que Jésus manifeste tant dans l'accueil des pécheurs que dans la proclamation de la vérité ou l'exhortation à la conversion. C'est cette miséricorde que l'Église est chargée d'annoncer au monde, en se tenant non sous le regard des hommes mais sous celui du Père. Comme Jésus, elle doit pouvoir dire : « Je ne fais rien de moi-même ; ce que je dis là, je le dis comme le Père me l'a enseigné » (Jn 8, 28).

Quelle liberté ai-je pour rendre compte de ma foi quand l'occasion se présente ?
Comment la méditation des Écritures nourrit-elle cette liberté ? ■

PrionsenEglise junior

LIRE L'ÉVANGILE AVEC LES ENFANTS

CE QUE JE DÉCOUVRE

Dur, dur d'être disciple de Jésus ! Il faut avouer que ce n'est pas facile de comprendre que « boire le sang de Jésus » et « manger son corps » fait vivre. **Tous les disciples ne comprennent pas** que Jésus va partager sa vie d'une autre manière, après sa mort et sa résurrection. Certains vont le croire sans forcément tout comprendre tout de suite. D'autres vont faire demi-tour et cesser d'accompagner Jésus. **La foi est un don. Elle est donnée par le Père.**

CE QUE JE VIS

Dans la vie, quelles paroles sont dures à entendre pour toi ?
Quelles sont tes paroles préférées de Jésus ?
Si tu as gardé dans ton cœur une parole qui te rend triste, confie-la à Jésus.

Texte : Pierre-Marie Leroy. Illustrations : Marcelino Truong

MÉDITATION BIBLIQUE

21E DIMANCHE DU TEMPS ORDINAIRE

Évangile selon saint Jean 6, 60-69

Un choix à faire

Devenir disciple est un long chemin, fait, à chaque étape, de choix, de doute, de confiance.

Le temps de la préparation

**« Je cherche le Seigneur,
il me répond : de toutes
mes frayeurs, il me délivre.
Qui regarde vers lui resplendira,
sans ombre ni trouble
au visage. » (Ps 33, 5-6)**

Le temps de l'observation

Le torchon brûle entre Jésus et ses disciples. Tous ne semblent pas en mesure d'entendre et de suivre les paroles décapantes qu'il propose à ceux qui le suivent. Des doutes apparaissent, des murmures se font entendre. Plutôt que de choisir le tabou et le silence, Jésus préfère mettre à jour le malentendu. Cette clarification était nécessaire puisqu'elle en fait fuir certains. Même dans le conflit et l'inconfort, la parole du maître demeure source d'altérité.

Son souci n'est pas de convaincre à tout prix mais de clarifier ce qui se joue dans son compagnonnage. Sa posture libère et ouvre un espace. « Voulez-vous partir, vous aussi ? » Sous-entendu : si vous devez le faire, faites-le. La question est belle car elle prend au sérieux la difficulté, libère les disciples de tous liens affectifs mal placés et permet ainsi à chacun de se positionner de façon personnelle.

Le temps de la méditation

Arrive toujours un moment où un groupe doit s'expliquer. Sans jugement ni reproche pour ceux qui s'éloignent, sans manipulation ou gestes de séduction pour ceux qui doutent, Jésus maintient une posture de libération pour chacun. En explicitant l'enjeu spirituel de son enseignement et du chemin qu'il propose, il autonomise ses interlocuteurs. À eux, dès lors, de savoir ce qu'ils souhaitent. Cette posture n'est pas simple et repose sur un critère. Ce qui est dit et vécu mène-t-il vers la vie ? À sa façon, Jésus rejoint l'alternative centrale de la Bible. « Je mets devant toi la vie ou la mort » (Dt 30, 19). Fidèle à l'alliance de Dieu avec son peuple, Jésus actualise et renouvelle ce choix, coûteux, personnel, difficile et salvateur. Ne restent alors que les disciples assez fous pour choisir la vie malgré le chemin escarpé annoncé. Débarrassés de l'illusion de la facilité et de la gloire, ils pourront commencer un chemin de paix.

Le temps de la prière

« Goûtez et voyez : le Seigneur est bon ! Heureux qui trouve en lui son refuge ! » (Ps 33, 9) ■

Marie-Laure Durand,
bibliste

L'ÉVÉNEMENT
DU 25 AU 28 AOÛT 2024

Sur le parcours de la flamme paralympique

DR

Claude Revert, atteint de la maladie de Hirschsprung, est l'un des mille porteurs de la flamme paralympique. Il prend le relais mardi 27 août sur une partie du parcours en Seine-Saint-Denis.

Claude Revert, passionné de course à pied, fait partie des mille relayeurs de la flamme paralympique, qui se la transmettent dans une cinquantaine de villes du 25 au 28 août 2024, avant qu'elle n'atteigne Paris. « Il restait des places pour être porteur. La présidente du CROS (Comité régional olympique et sportif) d'Île-de-France, contactée par Paris 2024, a tout de suite pensé à moi », confie fièrement le quinquagénaire. Ce manutentionnaire de matériel informatique en est resté « sans voix » et n'a pas su « comment la remercier ».

Pour cet ancien militaire, « porter la flamme est un immense symbole ». L'origine des Jeux paralympiques remonte à 1948, lorsqu'un neurologue organise une compétition sportive pour les militaires blessés de la

Seconde Guerre mondiale à l'hôpital de Stoke Mandeville, près de Londres. Une histoire de reconstruction par le sport qui résonne avec celle de Claude : aujourd'hui marathonien, il a appris à marcher tardivement, grâce au dévouement d'une femme qui s'est occupée de lui pendant sa petite enfance.

© Eurokinissi/ABACAPRESS.COM

Béatrice Hess, nageuse paralympique française, pendant la cérémonie de remise de la flamme olympique, à Athènes, le 26 avril 2024.

Claude Revert va porter la flamme sur 200 mètres du tronçon entre Montfermeil et Sevran. Il est possible de marcher ou de courir. Pour « avoir l'honneur de garder la flamme le plus longtemps possible », ce grand sportif, qui s'est inscrit au marathon grand public des Jeux olympiques, a déjà prévu de marcher. ■

Anne-Quitterie Jozeau, journaliste

PORTEURS DE FLAMMES

Cet été, 11 000 porteurs des flammes olympique et paralympique parcourent la France entière pour arriver respectivement les 26 juillet et 28 août à Paris. Ces « éclaireurs » ont été choisis pour leur engagement dans le sport et dans la vie de la société.

RELAIS DE LA FLAMME PARALYMPIQUE
PARIS 2024

Une prière de Yolande Richard, pour ce dimanche

Nos pas dans les tiens

Seigneur, nous connaissons tous des gens qui sont partis
et qui ont choisi de prendre leur distance avec l'Église.
C'est vrai que tes paroles ne sont pas toujours faciles
à entendre ni à comprendre.
Elles sont parfois dures et exigeantes.
Elles nous poussent à renoncer à nous-mêmes.
Et il nous arrive, à nous aussi, d'être attirés par d'autres voies
qui nous semblent plus faciles et moins rudes.
Quand nous hésitons à te suivre, quand nous sommes tentés
d'aller voir ailleurs, aide-nous à te rester fidèles.
À nous rappeler tout ce que tu as fait pour nous.
Et à sentir, comme Pierre, que rien ni personne,
ne pourrait jamais nous combler comme toi.
Rends-nous capables de mettre nos pas dans les tiens
et de t'accorder toute notre confiance.

LUNDI 26 AOÛT 2024

21E SEMAINE DU TEMPS ORDINAIRE COULEUR LITURGIQUE : VERT

Temps ordinaire, *suggestion d'oraisons et d'antiennes n° 6*
ou, en France, **saint Césaire d'Arles**, *voir p. 202*
ou, en France, **saint Joseph de Calasanz**

Antienne d'ouverture

**Sois pour moi le Dieu qui protège, un lieu de refuge pour me sauver.
Car tu es mon appui et mon refuge :
à cause de ton nom, tu seras mon guide et tu me nourriras.**
(cf. Ps 30, 3-4)

Prière

Seigneur Dieu, tu as promis d'habiter les cœurs droits et sincères ; donne-nous, par ta grâce, de vivre de telle manière que tu puisses faire en nous ta demeure. Par Jésus… ***– Amen.***

Lecture

de la deuxième lettre de saint Paul apôtre aux Thessaloniciens (1, 1-5.11b-12)

« Le nom de notre Seigneur Jésus sera glorifié en vous, et vous en lui »

Paul, Silvain et Timothée, à l'Église de Thessalonique qui est en Dieu notre Père et dans le Seigneur Jésus Christ. À vous, la grâce et la paix de la part de Dieu notre Père et du Seigneur Jésus Christ.

Frères, à tout moment nous devons rendre grâce à Dieu à votre sujet, et c'est bien de le faire, étant donné les grands progrès de votre foi, et l'amour croissant que tous et chacun, vous avez les uns pour les autres. C'est

pourquoi nous-mêmes sommes fiers de vous au milieu des Églises de Dieu, à cause de votre endurance et de votre foi dans toutes les persécutions et les détresses que vous supportez. Il y a là un signe du juste jugement* de Dieu ; ainsi vous deviendrez dignes de son Royaume pour lequel vous souffrez. Que notre Dieu vous trouve dignes de l'appel qu'il vous a adressé ; par sa puissance, qu'il vous donne d'accomplir tout le bien que vous désirez, et qu'il rende active votre foi. Ainsi, le nom de notre Seigneur Jésus sera glorifié en vous, et vous en lui, selon la grâce de notre Dieu et du Seigneur Jésus Christ.

– Parole du Seigneur.

Psaume 95 (96)

℟ ***Racontez à tous les peuples les merveilles du Seigneur !***

Chantez au Seigne**u**r un chant nouveau,
chantez au Seigne**u**r, terre entière,
chantez au Seigneur et béniss**e**z son nom ! ℟

De jour en jour, proclam**e**z son salut,
racontez à tous les pe**u**ples sa gloire,
à toutes les nati**o**ns ses merveilles ! ℟

Il est grand, le Seigneur, hautem**e**nt loué,
redoutable au-dess**u**s de tous les dieux :
néant, tous les die**u**x des nations !
Lui, le Seigne**u**r, a fait les cieux. ℟

Acclamation de l'Évangile

Alléluia. Alléluia. Mes brebis écoutent ma voix, dit le Seigneur ; moi, je les connais, et elles me suivent. ***Alléluia.***

Évangile de Jésus Christ

selon saint Matthieu (23, 13-22)

« Malheureux êtes-vous, guides aveugles »

En ce temps-là, Jésus disait : « Malheureux êtes-vous, scribes et pharisiens hypocrites, parce que vous fermez à clé le royaume des Cieux devant les hommes ; vous-mêmes, en effet, n'y entrez pas, et vous ne laissez pas entrer ceux qui veulent entrer ! Malheureux êtes-vous, scribes et pharisiens hypocrites, parce que vous parcourez la mer et la terre pour faire un seul converti, et quand c'est arrivé, vous faites de lui un homme voué à la géhenne, deux fois pire que vous !

« Malheureux êtes-vous, guides aveugles, vous qui dites : "Si l'on fait un serment par le Sanctuaire, il est nul ; mais si l'on fait un serment par l'or du Sanctuaire, on doit s'en acquitter." Insensés et aveugles ! Qu'est-ce qui est le plus important : l'or ? ou bien le Sanctuaire qui consacre cet or ? Vous dites encore : "Si l'on fait un serment par l'autel, il est nul ; mais si l'on fait un serment par l'offrande posée sur l'autel, on doit s'en acquitter." Aveugles ! Qu'est-ce qui est le plus important : l'offrande ? ou bien l'autel qui consacre cette offrande ? Celui donc qui fait un serment par l'autel fait un serment par l'autel et par tout ce qui est posé dessus ; celui qui fait un serment par le Sanctuaire fait un serment par le Sanctuaire et par Celui qui l'habite ; et celui qui fait un serment par le ciel fait un serment par le trône de Dieu et par Celui qui siège sur ce trône. »

Prière sur les offrandes

Que cette offrande, nous t'en prions, Seigneur, nous purifie et nous renouvelle ; qu'elle devienne pour ceux qui accomplissent ta volonté la cause de la récompense éternelle. Par le Christ, notre Seigneur. – ***Amen.***

Antienne de la communion

Ils mangèrent, ils furent rassasiés,
Dieu comblait leur désir,
leur attente ne fut pas trompée.
(Ps 77, 29-30)

OU

Dieu a tant aimé le monde
qu'il a donné son Fils unique :
ainsi, celui qui croit en lui ne périra
pas, mais il obtiendra la vie éternelle.
(Jn 3, 16)

Prière après la communion

Tu nous as fait goûter, Seigneur, aux joies du ciel, et nous te prions : donne-nous de toujours désirer ce qui nous fait vivre en vérité. Par le Christ, notre Seigneur. – ***Amen.***

INVITATION

À l'approche de la rentrée, je confie au Seigneur le ministère du ou des prêtres de ma paroisse.

COMMENTAIRE

L'essentiel est dit

2 Thessaloniciens 1, 1-5.11b-12

Paul nous donne un bel exemple de prière pour autrui : « Que notre Dieu vous trouve dignes de l'appel qu'il vous a adressé ; par sa puissance, qu'il vous donne d'accomplir tout le bien que vous désirez, et qu'il rende active votre foi. » L'essentiel est dit, qui préserve l'altérité de ceux pour qui il prie. Une prière que nous pouvons faire également pour nous-mêmes, en pesant chaque terme et en nous souvenant de l'enjeu : que le nom du Seigneur Jésus soit glorifié en nous et que nous le soyons en lui. ■

***Emmanuelle Billoteau**, ermite*

✲ CLÉ DE LECTURE

« Du juste jugement »

2 Thessaloniciens 1, 5 *(p. 198)*

En français, ces deux mots viennent de la racine du droit *(jus)*, mais en grec, ils sont bien différents : d'un côté le jugement *(krisis)*, qui tranche en récompensant les uns et en punissant les autres ; de l'autre la justice *(dikaia)*, qui est l'agir de Dieu toujours empreint de bonté et de miséricorde. Dieu qui déclare et rend « juste » quiconque accepte de mettre sa confiance et son espérance dans l'amour qu'il a manifesté en Jésus Christ. L'exhortation articule alors le don gratuit de Dieu et la réponse de l'homme, qui se manifeste par le témoignage rendu au risque de la vie. Ce ne sont pas les actes méritoires des hommes qui les rendent dignes du royaume de Dieu : c'est l'amour premier de Dieu qui agit en eux pour qu'ils résonnent en accord avec lui. ■

***Roselyne Dupont-Roc**, bibliste*

Saint Césaire d'Arles (En France)

Couleur liturgique : blanc

Vers 470-543. Moine de Lérins, puis évêque d'Arles pendant quarante ans, Césaire fut à la fois un grand homme de gouvernement et un excellent pasteur d'âmes.

Antienne d'ouverture

Je m'occuperai de mes brebis,
je veillerai sur elles, dit le Seigneur,
je susciterai à leur tête un seul berger.
Moi, le Seigneur, je serai leur Dieu.
(cf. Ez 34, 11.23-24)

Prière

Tu as donné, Seigneur, au bienheureux Césaire d'Arles une grande aptitude pour enseigner au peuple ta Parole ; daigne ouvrir nos cœurs au message qu'il nous a transmis avec fidélité et conviction. Par Jésus… ***— Amen.***

Prière sur les offrandes

En cette fête de saint Césaire d'Arles, Seigneur, nous t'en prions, regarde avec bonté les offrandes que nous déposons sur l'autel qui t'est consacré ; en nous procurant ton pardon, qu'elles servent à la gloire de ton nom. Par le Christ, notre Seigneur. ***— Amen.***

Antienne de la communion

Ce n'est pas vous qui m'avez choisi,
dit le Seigneur, c'est moi qui vous ai
choisis et établis, afin que vous alliez,
que vous portiez du fruit,
et que votre fruit demeure.
(cf. Jn 15, 16)

Prière après la communion

Déjà rénovés par ces mystères très saints, nous te supplions humblement, Seigneur : puissions-nous, en prenant exemple sur saint Césaire d'Arles, professer ce qu'il a cru et pratiquer ce qu'il a enseigné. Par le Christ, notre Seigneur. ***— Amen.***

MARDI 27 AOÛT 2024

21e SEMAINE DU TEMPS ORDINAIRE COULEUR LITURGIQUE : BLANC

Sainte Monique

IVe siècle. Mère de saint Augustin. Sa prière, son exemple et son affection jouèrent un rôle dans la conversion de son fils. Elle mourut à Ostie, près de Rome.

Antienne d'ouverture

La femme qui craint le Seigneur mérite la louange.
Ses fils la disent bienheureuse, et son mari fait son éloge. (cf. Pr 31, 30.28)

OU

Ses doigts s'ouvrent en faveur du pauvre, elle tend la main au malheureux, elle ne mange pas le pain de l'oisiveté. (cf. Pr 31, 20.27)

Prière

Seigneur Dieu, réconfort des affligés, tu accueillais avec amour les larmes de la bienheureuse Monique pour la conversion de son fils Augustin ; accorde-nous, à la prière de la mère et du fils, de savoir pleurer nos péchés et d'obtenir la grâce de ton pardon. Par Jésus… ***— Amen.***

Lecture

de la deuxième lettre de saint Paul apôtre aux Thessaloniciens (2, 1-3a.14-17)

« Gardez ferme les traditions que nous vous avons enseignées »

Frères, nous avons une demande à vous faire à propos de la venue de notre Seigneur Jésus Christ et de notre rassemblement auprès de lui : si l'on nous attribue une inspiration, une parole ou une lettre prétendant que le jour du Seigneur est arrivé, n'allez pas aussitôt perdre la tête,

ne vous laissez pas effrayer. Ne laissez personne vous égarer d'aucune manière. Dieu vous a appelés par notre proclamation de l'Évangile, pour que vous entriez en possession de la gloire de notre Seigneur Jésus Christ. Ainsi donc, frères, tenez bon, et gardez ferme les traditions que nous vous avons enseignées, soit de vive voix, soit par lettre. Que notre Seigneur Jésus Christ lui-même, et Dieu notre Père qui nous a aimés et nous a pour toujours donné réconfort et bonne espérance par sa grâce, réconfortent vos cœurs et les affermissent en tout ce que vous pouvez faire et dire de bien.
– Parole du Seigneur.

Psaume 95 (96)

℟ ***Il vient, le Seigneur, il vient pour juger la terre.***

Allez dire aux nations : « Le Seigneur est roi ! »
Le monde, inébranlable, tient bon.
Il gouverne les peuples avec droiture. ℟

Joie au ciel ! Exulte la terre !
Les masses de la mer mugissent,
la campagne tout entière est en fête. ℟

Les arbres des forêts dansent de joie
devant la face du Seigneur, car il vient,
car il vient pour juger la terre. ℟

Le Seigneur vient pour juger la terre.
Il jugera le monde avec justice,
et les peuples selon sa vérité ! ℟

Acclamation de l'Évangile

Alléluia. Alléluia. Elle est vivante, efficace, la parole de Dieu ; elle juge des intentions et des pensées du cœur. ***Alléluia.***

Évangile de Jésus Christ

selon saint Matthieu (23, 23-26)

« Voilà ce qu'il fallait pratiquer sans négliger le reste »

En ce temps-là, Jésus disait : « Malheureux êtes-vous, scribes et pharisiens hypocrites, parce que vous payez la dîme sur la menthe, le fenouil et le cumin, mais vous avez négligé ce qui est le plus important dans la Loi : la justice, la miséricorde et la fidélité. Voilà ce qu'il fallait pratiquer sans négliger le reste. Guides aveugles ! Vous filtrez le moucheron, et vous avalez le chameau ! Malheureux êtes-vous, scribes et pharisiens hypocrites, parce que vous purifiez l'extérieur de la coupe et de l'assiette, mais l'intérieur est rempli de cupidité et d'intempérance ! Pharisien aveugle, purifie d'abord l'intérieur de la coupe, afin que l'extérieur aussi devienne pur. »

Prière sur les offrandes

Nous te présentons, Seigneur, ce sacrifice en mémoire de sainte Monique, et nous te supplions humblement : qu'avec ton pardon, il nous apporte le salut. Par le Christ, notre Seigneur. — ***Amen.***

Antienne de la communion

Le royaume des Cieux est comparable
à un négociant qui recherche
des perles fines. Ayant trouvé
une perle de grande valeur,
il va vendre tout ce qu'il possède,
et il achète la perle.
(cf. Mt 13, 45-46)

Prière après la communion

Dieu tout-puissant, que l'action du sacrement divin nous apporte lumière et ferveur en cette fête de sainte Monique, pour que nous brûlions toujours du désir de la sainteté et fassions en abondance toute sorte de bien. Par le Christ, notre Seigneur. ***— Amen.***

INVITATION

L'exemplarité de sainte Monique a fini par convertir son mari et son fils, Augustin. Je demande la grâce de la fidélité à mes engagements et la cohérence de ma vie.

COMMENTAIRE

2 Thessaloniciens 2, 1-3a.14-17

Recentrons-nous

La foi des Thessaloniciens est mise à l'épreuve. Une situation qui peut rejoindre la nôtre, à l'heure où surgissent des « pseudo-spiritualités » qui, parfois, nous interrogent. Paul suggère alors de se recentrer sur l'amour du Père manifesté en Jésus Christ, sur le réconfort et la joyeuse espérance qu'il nous a déjà donnés. Autant dire qu'il nous incite à relire notre vie pour faire mémoire de ces expériences susceptibles de fonder notre confiance dans l'aujourd'hui de nos existences. ■

***Emmanuelle Billoteau**, ermite*

MERCREDI 28 AOÛT 2024

21E SEMAINE DU TEMPS ORDINAIRE COULEUR LITURGIQUE : BLANC

Saint Augustin d'Hippone

354-430. Converti à Milan en 387, évêque d'Hippone en 396, l'auteur des Confessions *et de* La Cité de Dieu *a exercé une influence majeure sur la théologie chrétienne.*

Antienne d'ouverture

Dans son Église, le Seigneur lui a donné la parole ;
il l'a rempli de l'esprit de sagesse et d'intelligence,
et l'a revêtu de gloire. (cf. Si 15, 5)

Prière

Renouvelle, Seigneur, dans ton Église, l'esprit dont tu as comblé le bienheureux évêque Augustin, pour que, remplis de ce même esprit, nous n'ayons soif que de toi, source de la vraie sagesse, et ne cherchions que toi, auteur de l'éternel amour. Par Jésus… — ***Amen.***

Lecture

de la deuxième lettre de saint Paul apôtre aux Thessaloniciens (3, 6-10.16-18)

« Si quelqu'un ne veut pas travailler, qu'il ne mange pas non plus »

Frères, au nom du Seigneur Jésus Christ, nous vous ordonnons d'éviter tout frère qui mène une vie désordonnée et ne suit pas la tradition que vous avez reçue de nous. Vous savez bien, vous, ce qu'il faut faire pour nous imiter. Nous n'avons pas vécu parmi vous de façon désordonnée ; et le pain que nous avons mangé, nous ne l'avons pas reçu gratuitement. Au contraire, dans la peine et la fatigue, nuit et jour, nous

avons travaillé pour n'être à la charge d'aucun d'entre vous. Bien sûr, nous avons le droit d'être à charge, mais nous avons voulu être pour vous un modèle à imiter. Et quand nous étions chez vous, nous vous donnions cet ordre : si quelqu'un ne veut pas travailler, qu'il ne mange pas non plus. Que le Seigneur de la paix vous donne lui-même la paix, en tout temps et de toute manière. Que le Seigneur soit avec vous tous. La salutation est de ma main à moi, Paul. Je signe de cette façon toutes mes lettres, c'est mon écriture. Que la grâce de notre Seigneur Jésus Christ soit avec vous tous.
– Parole du Seigneur.

Psaume 127 (128)

℟ ***Heureux qui craint le Seigneur !***

Heureux qui cr**a**int le Seigneur
et marche sel**o**n ses voies !
Tu te nourriras du trav**a**il de tes mains :
Heureux es-tu ! À t**o**i, le bonheur ! ℟

Voilà comm**e**nt sera béni
l'homme qui cr**a**int le Seigneur.
De Sion, que le Seigne**u**r te bénisse !
Tu verras le bonheur de Jérusalem
tous les jo**u**rs de ta vie. ℟

Acclamation de l'Évangile

Alléluia. Alléluia. En celui qui garde la parole du Christ l'amour de Dieu atteint vraiment sa perfection. ***Alléluia.***

Évangile de Jésus Christ

selon saint Matthieu (23, 27-32)

« Vous êtes bien les fils de ceux qui ont assassiné les prophètes »

En ce temps-là, Jésus disait : « Malheureux êtes-vous, scribes et pharisiens hypocrites, parce que vous ressemblez à des sépulcres blanchis à la chaux : à l'extérieur ils ont une belle apparence, mais l'intérieur est rempli d'ossements et de toutes sortes de choses impures. C'est ainsi que vous, à l'extérieur, pour les gens, vous avez l'apparence d'hommes justes, mais à l'intérieur vous êtes pleins d'hypocrisie et de mal.

« Malheureux êtes-vous, scribes et pharisiens hypocrites, parce que vous bâtissez les sépulcres des prophètes, vous décorez les tombeaux des justes, et vous dites : "Si nous avions vécu à l'époque de nos pères, nous n'aurions pas été leurs complices pour verser le sang des prophètes." Ainsi, vous témoignez contre vous-mêmes : vous êtes bien les fils de ceux qui ont assassiné les prophètes. Vous donc, mettez le comble à la mesure de vos pères ! »

Prière sur les offrandes

En célébrant le mémorial de notre salut, nous implorons humblement ta bonté, Seigneur : que ce sacrement offert avec amour devienne pour nous le signe de l'unité et le lien de la charité. Par le Christ, notre Seigneur. ***— Amen.***

Antienne de la communion
Vous n'avez qu'un seul maître,
le Christ ; vous êtes tous frères,
dit le Seigneur.
(Mt 23, 10.8)

Prière après la communion
Que la participation à la table du Christ nous sanctifie, Seigneur, afin que, membres de son corps, nous devenions ce que nous avons reçu. Par le Christ, notre Seigneur. — ***Amen.***

INVITATION

« Que le Seigneur de la paix vous donne lui-même la paix, en tout temps et de toute manière. » Je peux porter ce message à des personnes isolées en passant un peu de temps avec elles.

COMMENTAIRE

Entre travail et repos

2 Thessaloniciens 3, 6-10.16-18

Les motivations prônant l'oisiveté ont été diverses dans l'histoire du christianisme : imminence de la fin des temps, prière continuelle… Mais c'est oublier la valeur du travail, lieu de transformation et de sanctification du monde et de soi-même, ainsi que d'édification de la communauté humaine. Il ne s'agit pas d'en devenir esclave pour autant. D'où l'importance du sabbat dans le judaïsme et du dimanche pour les chrétiens. ■

Emmanuelle Billoteau, ermite

JEUDI 29 AOÛT 2024

COULEUR LITURGIQUE : ROUGE

Martyre de saint Jean Baptiste

Le prophète Jean proposait une conversion radicale : idéal de justice, de partage, de rectitude morale. Il paya de sa vie ses remontrances aux puissants.

Antienne d'ouverture

**Devant les rois, j'ai parlé de tes exigences
et je n'ai pas été humilié. Je trouve mon plaisir
en tes volontés, oui, vraiment, je les aime.**
(cf. Ps 118, 46-47)

Prière

Tu as voulu, Seigneur Dieu, que le bienheureux Jean Baptiste soit le Précurseur de ton Fils dans sa naissance et dans sa mort ; il a donné sa vie pour la justice et la vérité : accorde-nous de savoir, comme lui, lutter avec courage pour confesser ta Parole. Par Jésus… ***— Amen.***

Lectures propres à la mémoire du martyre de saint Jean Baptiste.

Lecture

du livre du prophète Jérémie (1, 17-19)

« Tu leur diras tout ce que je t'ordonnerai : ne tremble pas devant eux »

En ces jours-là, la parole du Seigneur me fut adressée : « Toi, mets ta ceinture autour des reins et lève-toi, tu diras contre mon peuple tout ce que je t'ordonnerai. Ne tremble pas devant eux, sinon c'est moi qui te ferai trembler devant eux. Moi, je fais de toi aujourd'hui une ville fortifiée, une

colonne de fer, un rempart de bronze, pour faire face à tout le pays, aux rois de Juda et à ses princes, à ses prêtres et à tout le peuple du pays. Ils te combattront, mais ils ne pourront rien contre toi, car je suis avec toi pour te délivrer, – oracle du Seigneur. »
– Parole du Seigneur.

Psaume 70 (71)

℟ ***Seigneur, ma bouche annonce ta justice.***

En toi, Seigneur, j'ai mon refuge :
garde-moi d'être humilié pour toujours.
Dans ta justice, défends-moi, libère-moi,
tends l'oreille vers moi, et sauve-moi. ℟

Sois le rocher qui m'accueille,
toujours accessible ;
tu as résolu de me sauver :
ma forteresse et mon roc, c'est toi ! ℟

Seigneur mon Dieu, tu es mon espérance,
mon appui dès ma jeunesse.
Toi, mon soutien dès avant ma naissance,
tu m'as choisi dès le ventre de ma mère. ℟

Ma bouche annonce tout le jour
tes actes de justice et de salut.
Mon Dieu, tu m'as instruit dès ma jeunesse,
jusqu'à présent, j'ai proclamé
tes merveilles. ℟

Acclamation de l'Évangile

Alléluia. Alléluia. Heureux ceux qui sont persécutés pour la justice, car le royaume des Cieux est à eux ! ***Alléluia.***

Évangile de Jésus Christ
selon saint Marc (6, 17-29)

« Je veux que, tout de suite, tu me donnes sur un plat la tête de Jean le Baptiste »

En ce temps-là, Hérode avait donné l'ordre d'arrêter Jean le Baptiste et de l'enchaîner dans la prison, à cause d'Hérodiade, la femme de son frère Philippe, que lui-même avait prise pour épouse. En effet, Jean lui disait : « Tu n'as pas le droit de prendre la femme de ton frère. » Hérodiade en voulait donc à Jean, et elle cherchait à le faire mourir. Mais elle n'y arrivait pas parce que Hérode avait peur de Jean : il savait que c'était un homme juste et saint, et il le protégeait ; quand il l'avait entendu, il était très embarrassé ; cependant il l'écoutait avec plaisir.

Or, une occasion favorable se présenta quand, le jour de son anniversaire, Hérode fit un dîner pour ses dignitaires, pour les chefs de l'armée et pour les notables de la Galilée. La fille d'Hérodiade fit son entrée et dansa. Elle plut à Hérode et à ses convives. Le roi dit à la jeune fille : « Demande-moi ce que tu veux, et je te le donnerai. » Et il lui fit ce serment : « Tout ce que tu me demanderas, je te le donnerai, même si c'est la moitié de mon royaume. »

Elle sortit alors pour dire à sa mère : « Qu'est-ce que je vais demander ? » Hérodiade répondit : « La tête de Jean, celui qui baptise. » Aussitôt la jeune fille s'empressa de retourner auprès du roi, et lui fit cette demande : « Je veux que, tout de suite, tu me donnes sur un plat la tête de Jean le Baptiste. »

Le roi fut vivement contrarié ; mais à cause du serment et des convives, il ne voulut pas lui opposer un refus. Aussitôt il envoya un garde avec l'ordre d'apporter la tête de Jean. Le garde s'en alla décapiter Jean dans la prison. Il apporta la tête sur un plat, la donna à la jeune fille, et la jeune fille la donna à sa mère. Ayant appris cela, les disciples de Jean vinrent prendre son corps et le déposèrent dans un tombeau.

Prière sur les offrandes

Par l'offrande que nous te présentons, Seigneur, accorde-nous de marcher sur tes chemins dans la droiture, celle que le bienheureux Jean Baptiste, voix de celui qui crie dans le désert, enseigna et confirma par le témoignage de son sang. Par le Christ, notre Seigneur. — ***Amen.***

Prière eucharistique

(Préface de saint Jean Baptiste)

Vraiment, il est juste et bon, pour ta gloire et notre salut, de t'offrir notre action de grâce, toujours et en tout lieu, Seigneur, Père très saint, Dieu éternel et tout-puissant, par le Christ, notre Seigneur. Nous chantons les merveilles que tu as accomplies pour Jean, le Précurseur de ton Fils ; parmi ceux qui sont nés d'une femme, tu l'as consacré, lui faisant l'honneur d'une mission sans égale. Avant même de naître, il tressaillit d'allégresse à l'approche du Sauveur ; en venant au monde il apportait une grande joie ; il fut, de tous les prophètes, celui qui désigna l'Agneau de la rédemption ; dans les eaux qui devaient en être sanctifiées il baptisa l'auteur du baptême ; et il rendit au Christ le témoignage suprême, celui de son propre sang. C'est pourquoi, avec les puissances des cieux, nous pouvons te bénir sur la terre et t'adorer sans fin en proclamant : ***Saint ! Saint ! Saint...***

Antienne de la communion

Jean Baptiste disait à ses disciples :
« Lui, il faut qu'il grandisse ;
et moi, que je diminue. »
(Jn 3, 27.30)

Prière après la communion

Nous avons célébré le jour où le bienheureux Jean Baptiste est né au ciel, et nous avons reçu les sacrements du salut : accorde-nous, Seigneur, de contempler en eux les merveilles dont ils sont le signe, et, plus encore, de goûter leur action en nous. Par le Christ, notre Seigneur. — ***Amen.***

INVITATION

Et si je vivais aujourd'hui le sacrement de réconciliation ?

COMMENTAIRE

Un homme intègre

Marc 6, 17-29

La mort de Jean Baptiste est sordide. Marc fait ressortir l'intégrité de Jean, à laquelle fait écho la lecture de Jérémie. Le Baptiste n'a pas cherché à plaire, il a manifestement surmonté la crainte légitime de la mort, fort de sa conviction et de l'autorité que Dieu lui avait conférée. Dans des circonstances qui ne sont pas forcément aussi tragiques, savons-nous éviter de nous laisser « corrompre », sommes-nous attentifs à puiser à la source de la Parole et de la présence de Dieu en nous ? ■

***Emmanuelle Billoteau**, ermite*

VENDREDI 30 AOÛT 2024

21E SEMAINE DU TEMPS ORDINAIRE COULEUR LITURGIQUE : VERT

Temps ordinaire, *suggestion d'oraisons et d'antiennes n° 7*

Antienne d'ouverture

Seigneur, j'ai mis mon espoir en ta miséricorde ;
mon cœur a exulté dans ton salut !
Je chanterai le Seigneur pour le bien qu'il m'a fait. (cf. Ps 12, 6)

Prière

Dieu tout-puissant, nous t'en prions : accorde-nous de conformer à ta volonté nos paroles et nos actes dans une inlassable recherche des biens spirituels. Par Jésus…
— Amen.

Lecture

de la première lettre de saint Paul apôtre aux Corinthiens (1, 17-25)

« Nous proclamons un Messie crucifié, scandale pour les Juifs. Mais pour ceux que Dieu appelle, il est sagesse de Dieu »

Frères, le Christ ne m'a pas envoyé pour baptiser, mais pour annoncer l'Évangile, et cela sans avoir recours au langage de la sagesse humaine, ce qui rendrait vaine la croix du Christ. Car le langage de la croix* est folie pour ceux qui vont à leur perte, mais pour ceux qui vont vers leur salut, pour nous, il est puissance de Dieu. L'Écriture dit en effet : *Je mènerai à sa perte la sagesse des sages, et l'intelligence des intelligents, je la rejetterai.*

Où est-il, le sage ? Où est-il, le scribe ? Où est-il, le raisonneur d'ici-bas ? La sagesse du monde, Dieu ne l'a-t-il pas rendue folle ? Puisque, en effet, par une disposition de la sagesse de Dieu, le monde, avec toute sa sagesse, n'a pas su reconnaître Dieu, il a plu à Dieu de sauver les croyants par cette folie qu'est la proclamation de l'Évangile. Alors que les Juifs réclament des signes miraculeux, et que les Grecs recherchent une sagesse, nous, nous proclamons un Messie crucifié, scandale pour les Juifs, folie pour les nations païennes. Mais pour ceux que Dieu appelle, qu'ils soient juifs ou grecs, ce Messie, ce Christ, est puissance de Dieu et sagesse de Dieu. Car ce qui est folie de Dieu est plus sage que les hommes, et ce qui est faiblesse de Dieu est plus fort que les hommes. – Parole du Seigneur.

Psaume 32 (33)

℟ ***Toute la terre, Seigneur, est remplie de ton amour.***

Criez de joie pour le Seigneur, hommes justes !
Hommes droits, à vous la louange !
Rendez grâce au Seigneur sur la cithare,
jouez pour lui sur la harpe à dix cordes. ℟

Oui, elle est droite, la parole du Seigneur ;
il est fidèle en tout ce qu'il fait.
Il aime le bon droit et la justice ;
la terre est remplie de son amour. ℟

Le Seigneur a déjoué les plans des nations,
anéanti les projets des peuples.
Le plan du Seigneur demeure pour toujours,
les projets de son cœur subsistent
d'âge en âge. ℟

Acclamation de l'Évangile

Alléluia. Alléluia. Restez éveillés et priez en tout temps : ainsi vous pourrez vous tenir debout devant le Fils de l'homme. ***Alléluia.***

Évangile de Jésus Christ

selon saint Matthieu (25, 1-13)

« Voici l'époux ! Sortez à sa rencontre »

En ce temps-là, Jésus disait à ses disciples cette parabole : « Le royaume des Cieux sera comparable à dix jeunes filles invitées à des noces, qui prirent leur lampe pour sortir à la rencontre de l'époux. Cinq d'entre elles étaient insouciantes, et cinq étaient prévoyantes : les insouciantes avaient pris leur lampe sans emporter d'huile, tandis que les prévoyantes avaient pris, avec leurs lampes, des flacons d'huile. Comme l'époux tardait, elles s'assoupirent toutes et s'endormirent. Au milieu de la nuit, il y eut un cri : "Voici l'époux ! Sortez à sa rencontre." Alors toutes ces jeunes filles se réveillèrent et se mirent à préparer leur lampe. Les insouciantes demandèrent aux prévoyantes : "Donnez-nous de votre huile, car nos lampes s'éteignent." Les prévoyantes leur répondirent : "Jamais cela ne suffira pour nous et pour vous, allez plutôt chez les marchands vous en acheter." Pendant qu'elles allaient en acheter, l'époux arriva. Celles qui étaient prêtes entrèrent avec lui dans la salle des noces, et la porte fut fermée. Plus tard, les autres jeunes filles arrivèrent à leur tour et dirent : "Seigneur, Seigneur, ouvre-nous !" Il leur répondit : "Amen, je vous le dis : je ne vous connais pas." Veillez donc, car vous ne savez ni le jour ni l'heure. »

Prière sur les offrandes

En célébrant tes mystères, Seigneur, pour te servir comme il convient, nous te supplions humblement : que les dons offerts pour honorer ta gloire nous fassent progresser vers le salut. Par le Christ, notre Seigneur. – ***Amen.***

Antienne de la communion

De tout mon cœur, Seigneur,
je rendrai grâce,
je dirai tes innombrables merveilles ;
pour toi, j'exulterai, je danserai,
je fêterai ton nom, Dieu Très-Haut.
(Ps 9, 2-3)

OU

Seigneur, je le crois :
tu es le Christ, le Fils du Dieu vivant,
celui qui vient dans le monde.
(Jn 11, 27)

Prière après la communion

Nous t'en prions, Dieu tout-puissant : donne-nous de recueillir tous les fruits de salut dont ces mystères sont déjà la promesse et le gage. Par le Christ, notre Seigneur. – ***Amen.***

INVITATION

La prérentrée des enseignants a lieu aujourd'hui.
Je peux prier pour eux et pour tout le personnel des établissements scolaires.

COMMENTAIRE

Faiblesse ? Folie ? 1 Corinthiens 1, 17-25

« La folie de la croix » : l'expression est choquante pour qui se confie à la seule raison. Mais il s'agit de mettre en évidence l'incapacité de la sagesse humaine à nous sauver et à donner sens à nos vies. La croix se situe ainsi du côté de la folie de l'amour, qui rend capable de reconnaître la présence cachée de Dieu dans la faiblesse et non dans les manifestations de puissance ou l'acuité d'un raisonnement. Une invitation à nous laisser surprendre et à sortir de nos a priori. ■ *Emmanuelle Billoteau, ermite*

✻ CLÉ DE LECTURE

« Le langage de la croix » 1 Corinthiens 1, 18 *(p. 216)*

Paul forge une expression explosive : que signifie ce *logos*, ce langage et cette raison, de la Croix ? Quel discours sensé, quelle sagesse humaine pourrait émaner d'un instrument de torture ? Ce que la croix proclame est pour tous folie et scandale : pour les Juifs, elle est le lieu de la malédiction de Dieu ; pour les Grecs elle est un supplice ignoble et honteux. Pourtant, c'est sur la Croix que Dieu révèle sa véritable sagesse, ce qui est conforme à sa vérité : car celui qui meurt sur la Croix manifeste que Dieu est du côté des laissés-pour-compte de toutes les cultures et de toutes les religions, des exclus, des méprisés et des maudits. C'est avec eux que Jésus est mort, c'est à eux qu'il vient s'identifier pour leur dire l'amour inimaginable du Père. ■ *Roselyne Dupont-Roc, bibliste*

SAMEDI 31 AOÛT 2024

21E SEMAINE DU TEMPS ORDINAIRE COULEUR LITURGIQUE : VERT

Temps ordinaire, *suggestion d'oraisons et d'antiennes n° 8*
ou **bienheureuse Vierge Marie,** *voir p. 26*

Antienne d'ouverture

Le Seigneur s'est fait mon protecteur,
il m'a dégagé, mis au large, il m'a libéré, car il m'aime.
(cf. Ps 17, 19-20)

Prière

Nous t'en prions, Seigneur, accorde-nous de vivre dans un monde où les événements se déroulent selon ton dessein de paix, et où ton Église connaisse la joie de te servir dans la sérénité. Par Jésus… ***— Amen.***

Lecture

de la première lettre de saint Paul apôtre aux Corinthiens (1, 26-31)

« Ce qu'il y a de faible dans le monde, voilà ce que Dieu a choisi »

Frères, vous qui avez été appelés par Dieu, regardez bien : parmi vous, il n'y a pas beaucoup de sages aux yeux des hommes, ni de gens puissants ou de haute naissance. Au contraire, ce qu'il y a de fou dans le monde, voilà ce que Dieu a choisi, pour couvrir de confusion les sages ; ce qu'il y a de faible dans le monde, voilà ce que Dieu a choisi, pour couvrir de confusion ce qui est fort ; ce qui est d'origine modeste, méprisé dans le monde, ce qui n'est pas, voilà ce que Dieu a choisi, pour réduire à rien ce qui est ; ainsi aucun être de chair ne pourra s'enorgueillir devant Dieu. C'est grâce à Dieu, en effet, que vous êtes dans le Christ Jésus, lui qui est devenu pour nous sagesse venant de Dieu, justice, sanctification, rédemption. Ainsi, comme il est écrit : *Celui qui veut être fier, qu'il mette sa fierté dans le Seigneur.*

– Parole du Seigneur.

Psaume 32 (33)

℟ ***Heureux le peuple que le Seigneur s'est choisi pour domaine.***

Heureux le peuple dont le Seigneur
 est le Dieu,
heureuse la nation qu'il s'est choisie
 pour domaine !
Du haut des cieux, le Seigneur regarde :
il voit la race des hommes. ℟

Dieu veille sur ceux qui le craignent,
qui mettent leur espoir en son amour,
pour les délivrer de la mort,
les garder en vie aux jours de famine. ℟

Nous attendons notre vie du Seigneur :
il est pour nous un appui, un bouclier.
La joie de notre cœur vient de lui,
notre confiance est dans son nom
 très saint. ℟

Acclamation de l'Évangile

Alléluia. Alléluia. Je vous donne un commandement nouveau, dit le Seigneur : « Aimez-vous les uns les autres, comme je vous ai aimés. » ***Alléluia.***

Évangile de Jésus Christ

selon saint Matthieu (25, 14-30)

« Tu as été fidèle pour peu de choses, entre dans la joie de ton seigneur »

En ce temps-là, Jésus disait à ses disciples cette parabole : « Un homme qui partait en voyage appela ses serviteurs et leur confia ses biens. À l'un il remit une somme de cinq talents, à un autre deux talents, au troisième un seul talent, à chacun selon ses capacités. Puis il partit.

« Aussitôt, celui qui avait reçu les cinq talents s'en alla pour les faire valoir et en gagna cinq autres. De même, celui qui avait reçu deux talents en gagna deux autres. Mais celui qui n'en avait reçu qu'un alla creuser la terre et cacha l'argent de son maître.

« Longtemps après, le maître de ces serviteurs revint et il leur demanda des comptes. Celui qui avait reçu cinq talents s'approcha, présenta cinq autres talents et dit : "Seigneur, tu m'as confié cinq talents ; voilà, j'en ai gagné cinq autres." Son maître lui déclara : "Très bien, serviteur bon et fidèle, tu as été fidèle pour peu de choses, je t'en confierai beaucoup ; entre dans la joie de ton seigneur." Celui qui avait reçu deux talents s'approcha aussi et dit : "Seigneur, tu m'as confié deux talents ; voilà, j'en ai gagné deux autres." Son maître lui déclara : "Très bien, serviteur bon et fidèle, tu as été fidèle pour peu de choses, je t'en confierai beaucoup ; entre dans la joie de ton seigneur."

« Celui qui avait reçu un seul talent s'approcha aussi et dit : "Seigneur, je savais que tu es un homme dur : tu moissonnes là où tu n'as pas semé, tu ramasses là où tu n'as pas répandu le grain. J'ai eu peur, et je suis allé cacher ton talent dans la terre. Le voici. Tu as ce qui t'appartient." Son maître lui répliqua : "Serviteur mauvais et paresseux, tu savais que je moissonne là où je n'ai pas semé, que je ramasse le grain là où je ne l'ai pas répandu. Alors, il fallait placer mon argent à la banque ; et, à mon retour, je l'aurais retrouvé avec les intérêts. Enlevez-lui donc son talent et donnez-le à celui qui en a dix. À celui qui a, on donnera encore, et il sera dans l'abondance ; mais celui qui n'a rien se verra enlever même ce qu'il a. Quant à ce serviteur bon à rien, jetez-le dans les ténèbres extérieures ; là, il y aura des pleurs et des grincements de dents !" »

Prière sur les offrandes

Seigneur Dieu, ce qui est offert en l'honneur de ton nom, c'est toi qui le donnes, et tu reconnais dans ces offrandes notre attachement à ton service ; nous implorons ta bonté : que ta largesse, d'où vient notre mérite, contribue à notre récompense éternelle. Par le Christ, notre Seigneur. — ***Amen.***

Antienne de la communion

Je chanterai le Seigneur pour le bien qu'il m'a fait ; je fêterai le nom du Seigneur, le Très-Haut.
(cf. Ps 12, 6 ; 9a, 3)

OU

Je suis avec vous tous les jours jusqu'à la fin du monde, dit le Seigneur.
(Mt 28, 20)

Prière après la communion

Tu nous as rassasiés, Seigneur, par ce don qui nous sauve, et nous implorons ta miséricorde : par ce même sacrement qui nous fortifie en cette vie, rends-nous, dans ta bonté, participants de la vie éternelle. Par le Christ, notre Seigneur. — ***Amen.***

INVITATION

Dernier samedi du mois… Je récite lentement le Je vous salue Marie.

COMMENTAIRE

Cœur brisé 1 Corinthiens 1, 26-31

Paul nous invite à reconnaître notre pauvreté fondamentale et à l'habiter comme une chance. N'est-ce pas le plus souvent dans ce creuset que Dieu se donne à expérimenter comme salut, vie, force, consolation ? C'est ce que certains auteurs spirituels ont appelé la « brisure du cœur », quand l'autosuffisance se fissure et nous conduit à crier vers Dieu dans la vérité. Sachons surtout nous recentrer sur le Christ, notre sagesse, notre justice, notre sanctification et notre rédemption. ■

Emmanuelle Billoteau, *ermite*

Liturgie de la messe

RITES INITIAUX

Le chant d'entrée achevé, le prêtre et les fidèles, debout, font le signe de la croix, tandis que le prêtre, tourné vers le peuple, dit:

Au nom du Père, et du Fils, et du Saint-Esprit.

Le peuple répond:

—Amen.

Salutation

La grâce de Jésus, le Christ, notre Seigneur, l'amour de Dieu le Père, et la communion de l'Esprit Saint soient toujours avec vous.

—Et avec votre esprit.

Ou bien: Que la grâce et la paix de Dieu notre Père et du Seigneur Jésus, le Christ, soient toujours avec vous.

—Et avec votre esprit.

Ou bien: Le Seigneur soit avec vous.

—Et avec votre esprit.

Acte pénitentiel

Frères et sœurs, préparons-nous à célébrer le mystère de l'eucharistie, en reconnaissant que nous avons péché.

(1) Je confesse à Dieu tout-puissant, je reconnais devant vous, frères et sœurs, que j'ai péché en pensée, en parole, par action et par omission ;
oui, j'ai vraiment péché. C'est pourquoi je supplie la bienheureuse Vierge Marie, les anges et tous les saints, et vous aussi, frères et sœurs, de prier pour moi le Seigneur notre Dieu.

(2) Prends pitié de nous, Seigneur. ***—Nous avons péché contre toi.***
Montre-nous, Seigneur, ta miséricorde. ***—Et donne-nous ton salut.***

(3) Seigneur Jésus, envoyé pour guérir les cœurs qui reviennent vers toi :
Seigneur, prends pitié. ***—Seigneur, prends pitié.***
Ô Christ, venu appeler les pécheurs : ô Christ, prends pitié.
—Ô Christ, prends pitié.
Seigneur, qui sièges à la droite du Père où tu intercèdes pour nous :
Seigneur, prends pitié. ***—Seigneur, prends pitié.***

Que Dieu tout-puissant nous fasse miséricorde ; qu'il nous pardonne nos péchés et nous conduise à la vie éternelle. ***—Amen.***

Ensuite, on chante ou on dit le Kyrie eleison (Seigneur, prends pitié), à moins qu'il n'ait été déjà employé dans une formule de l'acte pénitentiel (c'est le cas de la précédente).

Kyrie, eleison. ***—Kyrie, eleison.***
Christe, eleison. ***—Christe, eleison.***
Kyrie, eleison. ***—Kyrie, eleison.***
ou bien: Seigneur, prends pitié. ***—Seigneur, prends pitié.***
Ô Christ, prends pitié. ***—Ô Christ, prends pitié.***
Seigneur, prends pitié. ***—Seigneur, prends pitié.***

Gloire à Dieu

Gloire à Dieu, au plus haut des cieux, et paix sur la terre aux hommes, qu'il aime. Nous te louons, nous te bénissons, nous t'adorons, nous te glorifions, nous te rendons grâce, pour ton immense gloire, Seigneur Dieu, Roi du ciel, Dieu le Père tout-puissant.
Seigneur, Fils unique, Jésus Christ, Seigneur Dieu, Agneau de Dieu, le Fils du Père ;
toi qui enlèves les péchés du monde, prends pitié de nous ;
toi qui enlèves les péchés du monde, reçois notre prière ;
toi qui es assis à la droite du Père, prends pitié de nous.
Car toi seul es Saint, toi seul es Seigneur, toi seul es le Très-Haut :
Jésus Christ, avec le Saint-Esprit dans la gloire de Dieu le Père. Amen.

Gloria in excelsis Deo et in terra pax hominibus bonæ voluntatis. Laudamus te, benedicimus te, adoramus te, glorificamus te, gratias agimus tibi propter magnam gloriam tuam, Domine Deus, Rex cælestis, Deus Pater omnipotens. Domine Fili unigenite, Iesu Christe, Domine Deus, Agnus Dei, Filius Patris, qui tollis peccata mundi, miserere nobis ; qui tollis peccata mundi, suscipe deprecationem nostram.
Qui sedes ad dexteram Patris, miserere nobis.
Quoniam tu solus Sanctus, tu solus Dominus, tu solus Altissimus,
Iesu Christe, cum Sancto Spiritu : in gloria Dei Patris. Amen.

Prière d'ouverture

Voir à la date du jour.

LITURGIE DE LA PAROLE

Voir à la date du jour.

Profession de foi

Symbole de Nicée-Constantinople

Je crois en un seul Dieu, le Père tout-puissant,
créateur du ciel et de la terre, de l'univers visible et invisible.
Je crois en un seul Seigneur, Jésus Christ, le Fils unique de Dieu,
né du Père avant tous les siècles : il est Dieu, né de Dieu,
lumière née de la lumière, vrai Dieu, né du vrai Dieu,
engendré, non pas créé, consubstantiel au Père, et par lui tout a été fait.
Pour nous les hommes, et pour notre salut, il descendit du ciel;
par l'Esprit Saint, il a pris chair de la Vierge Marie, et s'est fait homme.
Crucifié pour nous sous Ponce Pilate,
il souffrit sa passion et fut mis au tombeau.
Il ressuscita le troisième jour, conformément aux Écritures,
et il monta au ciel; il est assis à la droite du Père.
Il reviendra dans la gloire, pour juger les vivants et les morts;
et son règne n'aura pas de fin.
Je crois en l'Esprit Saint, qui est Seigneur et qui donne la vie;
il procède du Père et du Fils; avec le Père et le Fils,
il reçoit même adoration et même gloire; il a parlé par les prophètes.
Je crois en l'Église, une, sainte, catholique et apostolique.
Je reconnais un seul baptême pour le pardon des péchés.
J'attends la résurrection des morts, et la vie du monde à venir. Amen.

Credo in unum Deum, Patrem omnipotentem,
Factorem cæli et terræ, visibilium omnium et invisibilium.
Et in unum Dominum Iesum Christum, Filium Dei unigenitum,
et ex Patre natum ante omnia sæcula.
Deum de Deo, lumen de lumine, Deum verum de Deo vero, genitum,
non factum, consubstantialem Patri : per quem omnia facta sunt.
Qui propter nos homines et propter nostram salutem descendit de cælis.
Et incarnatus est de Spiritu Sancto ex Maria Virgine, et homo factus est.
Crucifixus etiam pro nobis sub Pontio Pilato ;
passus et sepultus est, et resurrexit tertia die, secundum Scripturas,
et ascendit in cælum, sedet ad dexteram Patris.
Et iterum venturus est cum gloria, iudicare vivos et mortuos,
cuius regni non erit finis.
Et in Spiritum Sanctum, Dominum et vivificantem :
qui ex Patre Filioque procedit.
Qui cum Patre et Filio simul adoratur et conglorificatur :
qui locutus est per prophetas.
Et unam, sanctam, catholicam et apostolicam Ecclesiam.
Confiteor unum baptisma in remissionem peccatorum.
Et exspecto resurrectionem mortuorum, et vitam venturi sæculi.
Amen.

Symbole des Apôtres

Je crois en Dieu, le Père tout-puissant, créateur du ciel et de la terre.
Et en Jésus Christ, son Fils unique, notre Seigneur,
qui a été conçu du Saint-Esprit, est né de la Vierge Marie,
a souffert sous Ponce Pilate, a été crucifié, est mort et a été enseveli,
est descendu aux enfers, le troisième jour est ressuscité des morts,
est monté aux cieux, est assis à la droite de Dieu le Père tout-puissant,
d'où il viendra juger les vivants et les morts.
Je crois en l'Esprit Saint, à la sainte Église catholique,
à la communion des saints, à la rémission des péchés,
à la résurrection de la chair, à la vie éternelle. Amen.

Prière universelle

LITURGIE EUCHARISTIQUE

Préparation des dons

Tu es béni, Seigneur, Dieu de l'univers : nous avons reçu de ta bonté le pain que nous te présentons, fruit de la terre et du travail des hommes ; il deviendra pour nous le pain de la vie. ***– Béni soit Dieu, maintenant et toujours !***

Comme cette eau se mêle au vin pour le sacrement de l'Alliance,
puissions-nous être unis à la divinité de celui qui a voulu prendre notre humanité.

Tu es béni, Seigneur, Dieu de l'univers : nous avons reçu de ta bonté le vin que nous te présentons, fruit de la vigne et du travail des hommes ; il deviendra pour nous le vin du Royaume éternel.
– Béni soit Dieu, maintenant et toujours !

Le cœur humble et contrit, nous te supplions, Seigneur, accueille-nous :
que notre sacrifice, en ce jour, trouve grâce devant toi, Seigneur notre Dieu.
Lave-moi de mes fautes, Seigneur, et purifie-moi de mon péché.

Prière sur les offrandes

Priez, frères et sœurs : que mon sacrifice, qui est aussi le vôtre, soit agréable à Dieu le Père tout-puissant.

– Que le Seigneur reçoive de vos mains ce sacrifice à la louange et à la gloire de son nom, pour notre bien et celui de toute l'Église.

Ou bien :

Prions ensemble, au moment d'offrir le sacrifice de toute l'Église.

– Pour la gloire de Dieu et le salut du monde.

Prière eucharistique

Le Seigneur soit avec vous. ***– Et avec votre esprit.***
Élevons notre cœur. ***– Nous le tournons vers le Seigneur.***
Rendons grâce au Seigneur notre Dieu. ***– Cela est juste et bon.***

Préfaces

1re préface des dimanches

Le mystère pascal et le peuple de Dieu

Vraiment, il est juste et bon, pour ta gloire et notre salut, de t'offrir notre action de grâce, toujours et en tout lieu, Seigneur, Père très saint, Dieu éternel et tout-puissant, par le Christ, notre Seigneur. Dans le mystère de sa Pâque, il a fait une œuvre merveilleuse : car nous étions esclaves de la mort et du péché, et nous sommes appelés à partager sa gloire ; nous portons désormais ces noms glorieux : descendance choisie, sacerdoce royal, nation sainte, peuple racheté ; nous pouvons annoncer au monde les merveilles que tu as accomplies, toi qui nous appelles des ténèbres à ton admirable lumière. C'est pourquoi, avec les anges et les archanges, avec les puissances d'en haut et tous les esprits bienheureux, nous chantons l'hymne de ta gloire et sans fin nous proclamons : ***Saint ! Saint ! Saint...***

2e préface des dimanches

Le mystère du salut

Vraiment, il est juste et bon, pour ta gloire et notre salut, de t'offrir notre action de grâce, toujours et en tout lieu, Seigneur, Père très saint, Dieu éternel et tout-puissant, par le Christ, notre Seigneur. Dans sa pitié pour nos égarements, il a voulu naître de la Vierge Marie. Par la souffrance de la croix, il nous a délivrés de la mort éternelle ; par sa résurrection d'entre les morts, il nous a donné la vie qui n'aura pas de fin. C'est pourquoi, avec les anges et les archanges, avec les puissances d'en haut et tous les esprits bienheureux, nous chantons l'hymne de ta gloire et sans fin nous proclamons : ***Saint ! Saint ! Saint...***

2e préface commune

Le salut par le Christ

Vraiment, il est juste et bon, pour ta gloire et notre salut, de t'offrir notre action de grâce, toujours et en tout lieu, Seigneur, Père très saint, Dieu éternel et tout-puissant. Dans ta bonté, tu as créé l'homme ; et, comme il avait mérité la condamnation, tu l'as racheté dans ta miséricorde, par le Christ, notre Seigneur. Par lui, les anges célèbrent ta grandeur, et les esprits bienheureux adorent ta gloire ; par lui s'inclinent devant toi les puissances d'en haut, et tressaillent d'une même allégresse les innombrables créatures des cieux. À leur hymne de louange, laisse-nous joindre nos voix pour chanter et proclamer :

Saint ! Saint ! Saint…

3e préface commune

Louange à Dieu pour la Création et la régénération de l'homme

Vraiment, il est juste et bon, pour ta gloire et notre salut, de t'offrir notre action de grâce, toujours et en tout lieu, Seigneur, Père très saint, Dieu éternel et tout-puissant. C'est par ton Fils bien-aimé que tu as formé le genre humain ; et c'est encore par lui que, dans ta grande bonté, tu le renouvelles. Voilà pourquoi toutes les créatures te servent, le peuple que tu as racheté célèbre ta louange, les saints te bénissent d'un seul cœur. Et déjà nous pouvons te louer avec tous les anges, et, dans la joie, nous ne cessons de proclamer :

Saint ! Saint ! Saint…

1re préface de la Vierge Marie

La maternité de la bienheureuse Vierge Marie

Vraiment, il est juste et bon, pour ta gloire et notre salut, de t'offrir notre action de grâce, toujours et en tout lieu, Seigneur, Père très saint, Dieu éternel et tout-puissant. En ce jour
• où nous célébrons la *(nommer la fête)* de la bienheureuse Vierge Marie : …
• où nous célébrons la mémoire de la bienheureuse Vierge Marie : …
• où nous honorons la bienheureuse Vierge Marie :

…nous voulons te chanter, te bénir et te glorifier. Car elle a conçu ton Fils unique lorsque le Saint-Esprit la couvrit de son ombre, et, gardant pour toujours la gloire de sa virginité, elle a donné au monde la lumière éternelle, Jésus, le Christ, notre Seigneur. Par lui, les anges célèbrent ta grandeur, et les esprits bienheureux adorent ta gloire ; par lui s'inclinent devant toi les puissances d'en haut et tressaillent d'une même allégresse les innombrables créatures des cieux. À leur hymne de louange, laisse-nous joindre nos voix pour chanter et proclamer : ***Saint ! Saint ! Saint...***

2e préface des saints

Le rôle des saints

Vraiment, il est juste et bon, pour ta gloire et notre salut, de t'offrir notre action de grâce, toujours et en tout lieu, Seigneur, Père très saint, Dieu éternel et tout-puissant, par le Christ, notre Seigneur. Tu ne cesses de fortifier ton Église, et tu lui donnes une fécondité nouvelle par la foi admirable dont témoignent les saints ; tu nous présentes en eux des signes très sûrs de ton amour. Et pour que s'accomplissent les mystères du salut, le rayonnement de leur exemple nous stimule, et leur intercession fervente nous assure un appui. C'est pourquoi, avec les anges et tous les saints, nous te louons, Seigneur, et nous exultons de joie en proclamant :

Saint ! Saint ! Saint...

1re préface des Apôtres

Les Apôtres, pasteurs du peuple de Dieu

Vraiment, il est juste et bon, pour ta gloire et notre salut, de t'offrir notre action de grâce, toujours et en tout lieu, Seigneur, Père très saint, Dieu éternel et tout-puissant. Tu n'abandonnes pas ton troupeau, Pasteur éternel, mais tu le gardes par les bienheureux Apôtres sous ta constante protection, pour qu'il soit dirigé par ceux-là mêmes que tu as établis à sa tête comme pasteurs au nom de ton Fils. C'est pourquoi, avec les anges et les archanges, avec les puissances d'en haut et tous les esprits bienheureux, nous chantons l'hymne de ta gloire et sans fin nous proclamons :

Saint ! Saint ! Saint...

2e préface des saints martyrs

Les merveilles de Dieu dans la victoire des martyrs

Vraiment, il est juste et bon, pour ta gloire et notre salut, de t'offrir notre action de grâce, toujours et en tout lieu, Seigneur, Père très saint, Dieu éternel et tout-puissant. En louant tes saints martyrs, c'est toi que nous exaltons, et leur passion révèle l'œuvre admirable de ta puissance : tu leur donnes, en ta bonté, de croire avec ardeur, de persévérer sans faiblir et de vaincre dans le combat, par le Christ notre Seigneur. C'est pourquoi le ciel et la terre t'adorent ; ils te chantent le cantique nouveau, et nous-mêmes, unissant notre voix à celle des anges, nous t'acclamons : ***Saint ! Saint ! Saint...***

Préface des saints pasteurs

La présence des saints pasteurs dans l'Église

Vraiment, il est juste et bon, pour ta gloire et notre salut, de t'offrir notre action de grâce, toujours et en tout lieu, Seigneur, Père très saint, Dieu éternel et tout-puissant, par le Christ, notre Seigneur. Tu donnes à ton Église de se réjouir en la fête de saint (des saints) N. : par l'exemple qu'il a (qu'ils ont) donné, tu nous encourages, par son (leur) enseignement, tu nous éclaires, à sa (leur) prière, tu veilles sur nous. C'est pourquoi, avec la multitude des anges et des saints, nous chantons l'hymne de ta gloire et sans fin nous proclamons : ***Saint ! Saint ! Saint...***

Préface des saintes vierges, et des saints religieux ou religieuses

Signification de la vie consacrée

Vraiment, il est juste et bon, pour ta gloire et notre salut, de t'offrir notre action de grâce, toujours et en tout lieu, Seigneur, Père très saint, Dieu éternel et tout-puissant. Nous célébrons les prévenances de ton amour pour tant d'hommes et de femmes parvenus à la sainteté en se donnant au Christ à cause du royaume des Cieux. Par ce mystère d'alliance, tu veux que notre condition humaine retrouve sa splendeur première, et que, dès ici-bas, nous ayons un avant-goût des biens que tu nous donneras dans le monde à venir. C'est pourquoi, avec les saints et tous les anges, nous te louons et sans fin nous proclamons :

Saint ! Saint ! Saint,
le Seigneur,
Dieu de l'univers !
Le ciel et la terre
sont remplis de ta gloire.
Hosanna au plus haut des cieux.
Béni soit celui qui vient
au nom du Seigneur.
Hosanna au plus haut des cieux.

Sanctus, Sanctus, Sanctus
Dominus Deus Sabaoth.
Pleni sunt cæli et terra gloria tua.
Hosanna in excelsis.
Benedictus qui venit in nomine
Domini. Hosanna in excelsis.

• *Prière eucharistique* **1**
« Toi, Père très aimant... » .... *p. 238*
• *Prière eucharistique* **2**
« Toi qui es vraiment saint... » .... *p. 242*
• *Prière eucharistique* **3**
« Tu es vraiment saint... » .... *p. 245*
• *Prière eucharistique* **4**
« Père très saint... » .... *p. 248*
• *Prière eucharistique pour circonstances particulières* **2**
« Vraiment, tu es saint... » .... *p. 252*

Prière eucharistique nº 1

(Préfaces : p. 232.)

Toi, Père très aimant, nous te prions et te supplions par Jésus Christ, ton Fils, notre Seigneur, d'accepter et de bénir ✛ ces dons, ces offrandes, sacrifice pur et saint, que nous te présentons avant tout pour ta sainte Église catholique : accorde-lui la paix et protège-la, daigne la rassembler dans l'unité et la gouverner par toute la terre ; nous les présentons en union avec ton serviteur notre pape N., notre évêque N., et tous ceux qui gardent fidèlement la foi catholique reçue des Apôtres.

Souviens-toi, Seigneur, de tes serviteurs et de tes servantes (de N. et de N.), et de tous ceux qui sont ici réunis, dont tu connais la foi et l'attachement. Nous t'offrons pour eux, ou ils t'offrent pour eux-mêmes et tous les leurs ce sacrifice de louange, pour leur propre rédemption, pour la paix, et le salut qu'ils espèrent ; ils te rendent cet hommage, à toi, Dieu éternel, vivant et vrai.

(1) **En semaine :**

• Unis dans une même communion, vénérant d'abord la mémoire de la bienheureuse Marie toujours Vierge, Mère de notre Dieu et Seigneur, Jésus Christ, •••

(2) **Le dimanche :**

• Unis dans une même communion, nous célébrons le jour où le Christ est ressuscité d'entre les morts ; et vénérant d'abord la mémoire de la bienheureuse Marie toujours vierge, Mère de notre Dieu et Seigneur, Jésus Christ, •••

(3) **Pour l'Assomption :**

• Unis dans une même communion, nous célébrons le jour où la Vierge Marie a été élevée dans la gloire du ciel ; et vénérant d'abord la mémoire de cette Vierge bienheureuse, la Mère de notre Dieu et Seigneur, Jésus Christ, •••

••• et celle de saint Joseph, son époux, des bienheureux Apôtres et Martyrs Pierre et Paul, André, [Jacques et Jean, Thomas, Jacques et Philippe, Barthélemy et Matthieu, Simon et Jude, Lin, Clet, Clément, Sixte, Corneille et Cyprien, Laurent, Chrysogone, Jean et Paul, Côme et Damien,] et de tous les saints, nous t'en supplions : accorde-nous, par leur prière et leurs mérites, d'être toujours et partout, forts de ton secours et de ta protection. [Par le Christ, notre Seigneur. Amen.]

Voici donc l'offrande que nous présentons devant toi, nous, tes serviteurs, et ta famille entière : Seigneur, dans ta bienveillance, accepte-la. Assure toi-même la paix de notre vie, arrache-nous à la damnation éternelle et veuille nous admettre au nombre de tes élus. [Par le Christ, notre Seigneur. Amen.]

Seigneur Dieu, nous t'en prions, daigne bénir et accueillir cette offrande, accepte-la pleinement, rends-la parfaite et digne de toi : qu'elle devienne pour nous le corps et le sang de ton Fils bien-aimé, Jésus, le Christ, notre Seigneur.

La veille de sa passion, il prit le pain dans ses mains très saintes et, les yeux levés au ciel, vers toi, Dieu, son Père tout-puissant, en te rendant grâce il dit la bénédiction, il rompit le pain, et le donna à ses disciples, en disant :
« Prenez, et mangez-en tous : ceci est mon corps livré pour vous. »
De même, après le repas, il prit cette coupe incomparable dans ses mains très saintes; et, te rendant grâce à nouveau, il dit la bénédiction, et donna la coupe à ses disciples, en disant :
« Prenez, et buvez-en tous, car ceci est la coupe de mon sang, le sang de l'Alliance nouvelle et éternelle, qui

sera versé pour vous et pour la multitude en rémission des péchés. Vous ferez cela en mémoire de moi. »

(1) Il est grand, le mystère de la foi :
— Nous annonçons ta mort,
Seigneur Jésus, nous proclamons
ta résurrection,
nous attendons ta venue dans la gloire.

(2) Acclamons le mystère de la foi :
— Quand nous mangeons ce pain et
buvons à cette coupe, nous annonçons
ta mort, Seigneur ressuscité,
et nous attendons que tu viennes.

(3) Qu'il soit loué, le mystère de la foi :
— Sauveur du monde, sauve-nous !
Par ta croix et ta résurrection,
tu nous as libérés.
ou :
Proclamons le mystère de la foi :
— Gloire à toi qui étais mort, gloire à toi
qui es vivant, notre Sauveur et
notre Dieu : viens, Seigneur Jésus !

Mysterium fidei.
(1) – *Mortem tuam annuntiamus,*
Domine, et tuam resurrectionem
confitemur, donec venias.
(2) – *Quotiescumque manducamus*
panem hunc et calicem bibimus,
mortem tuam annuntiamus, Domine,
donec venias.
(3) – *Salvator mundi, salva nos,*
qui per crucem et resurrectionem
tuam liberasti nos.

Voilà pourquoi nous, tes serviteurs, et ton peuple saint avec nous, faisant mémoire de la passion bienheureuse de ton Fils, Jésus, le Christ, notre Seigneur, de sa résurrection du séjour des morts et de sa glorieuse ascension dans le ciel, nous te présentons, Dieu de gloire et de majesté, cette offrande prélevée sur les biens que tu nous donnes, le sacrifice pur et saint, le sacrifice parfait, pain de la vie éternelle et coupe du salut. Et comme il t'a plu d'accueillir les présents de ton serviteur Abel le Juste, le sacrifice d'Abraham, notre père dans la foi, et celui que t'offrit Melkisédek, ton grand prêtre, oblation sainte et immaculée, regarde ces offrandes avec amour et, dans ta bienveillance, accepte-les. Nous t'en supplions, Dieu tout-puissant : qu'elles soient portées par les mains de ton saint Ange en présence de ta gloire, sur ton autel céleste, afin qu'en recevant ici, par notre communion à l'autel, le corps et le sang très saints de ton Fils, nous soyons comblés de la grâce et de toute bénédiction du ciel. [Par le Christ, notre Seigneur. Amen.]

Souviens-toi aussi, Seigneur, de tes serviteurs et de tes servantes (de N. et N.) qui nous ont précédés, marqués du signe de la foi, et qui dorment dans la paix. Pour eux et pour tous ceux qui reposent dans le Christ, nous implorons ta bonté, Seigneur : qu'ils demeurent dans la joie, la lumière et la paix. [Par le Christ, notre Seigneur. Amen.]

Et nous pécheurs, tes serviteurs, qui mettons notre espérance en ta miséricorde inépuisable, admets-nous dans la communauté des saints Apôtres et martyrs, avec Jean Baptiste, Étienne, Matthias et Barnabé, [Ignace, Alexandre, Marcellin et Pierre, Félicité et Perpétue, Agathe, Lucie, Agnès, Cécile, Anastasie,] et tous les saints ; nous t'en prions, accueille-nous dans leur compagnie, sans nous juger sur le mérite mais en accordant largement ton pardon. Par le Christ, notre Seigneur. Par lui, tu ne cesses de créer tous ces biens, tu les sanctifies, leur donnes la vie, les bénis, et nous en fais le don.

Par lui, avec lui et en lui, à toi, Dieu le Père tout-puissant, dans l'unité du Saint-Esprit, tout honneur et toute gloire, pour les siècles des siècles.
— Amen.

Vient ensuite le rite de la communion, p. 255.

Prière eucharistique n° 2

(On peut aussi choisir une autre préface.)

Vraiment, Père très saint, il est juste et bon, pour ta gloire et notre salut, de t'offrir notre action de grâce, toujours et en tout lieu, par ton Fils bien-aimé, Jésus, le Christ : il est ta Parole par qui tu as créé toutes choses ; c'est lui que tu nous as envoyé comme Rédempteur et Sauveur, Dieu fait homme, conçu de l'Esprit Saint, né de la Vierge Marie. Pour accomplir jusqu'au bout ta volonté et rassembler un peuple saint qui t'appartienne, il étendit les mains à l'heure de sa passion, afin de briser la mort, et de manifester la résurrection. C'est pourquoi, avec les anges et tous les saints, nous chantons ta gloire, et d'une seule voix nous proclamons :

Saint ! Saint ! Saint, le Seigneur,
Dieu de l'univers ! Le ciel et la terre
sont remplis de ta gloire.
Hosanna au plus haut des cieux.
Béni soit celui qui vient
au nom du Seigneur.
Hosanna au plus haut des cieux.

(Voir p. 237 pour la version latine.)

(1) **En semaine :**

• Toi qui es vraiment saint, toi qui es la source de toute sainteté, Seigneur, nous te prions : •••

(2) **Le dimanche :**

• Toi qui es vraiment saint, toi qui es la source de toute sainteté, Dieu notre Père, nous voici rassemblés devant toi, et, dans la communion de toute l'Église, nous célébrons le jour où le Christ est ressuscité d'entre les morts. Par lui que tu as élevé à ta droite, nous te prions : •••

(3) **Pour l'Assomption :**

• Toi qui es vraiment saint, toi qui es la source de toute sainteté, Dieu notre Père, nous voici rassemblés devant toi, et, dans la communion de toute l'Église, nous célébrons le jour où la

Vierge, Mère de Dieu, a été élevée au ciel, dans la gloire de son fils, Jésus Christ, notre Seigneur. Par lui, qui est à l'origine de notre foi et qui la mène à sa perfection, nous te prions : •••

••• sanctifie ces offrandes en répandant sur elles ton Esprit ; qu'elles deviennent pour nous le corps et ✝ le sang de Jésus, le Christ, notre Seigneur.

Au moment d'être livré et d'entrer librement dans sa passion, il prit le pain, il rendit grâce, il le rompit et le donna à ses disciples, en disant :
« **Prenez, et mangez-en tous** : ceci est mon corps livré pour vous. »
De même, après le repas, il prit la coupe ; de nouveau il rendit grâce, et la donna à ses disciples, en disant :
« **Prenez, et buvez-en tous**, car ceci est la coupe de mon sang, le sang de l'Alliance nouvelle et éternelle, qui sera versé pour vous et pour la multitude en rémission des péchés. Vous ferez cela en mémoire de moi. »

(1) Il est grand, le mystère de la foi :
— Nous annonçons ta mort, Seigneur Jésus, nous proclamons ta résurrection, nous attendons ta venue dans la gloire.

(2) Acclamons le mystère de la foi :
— Quand nous mangeons ce pain et buvons à cette coupe, nous annonçons ta mort, Seigneur ressuscité, et nous attendons que tu viennes.

(3) Qu'il soit loué, le mystère de la foi :
— Sauveur du monde, sauve-nous ! Par ta croix et ta résurrection, tu nous as libérés.
ou: Proclamons le mystère de la foi :
— Gloire à toi qui étais mort, gloire à toi qui es vivant, notre Sauveur et notre Dieu : viens, Seigneur Jésus !
(Voir p. 240 pour la version latine.)

Prière eucharistique n° 2

En faisant ainsi mémoire de la mort et de la résurrection de ton Fils, nous t'offrons, Seigneur, le pain de la vie et la coupe du salut, et nous te rendons grâce, car tu nous as estimés dignes de nous tenir devant toi pour te servir. Humblement, nous te demandons qu'en ayant part au corps et au sang du Christ, nous soyons rassemblés par l'Esprit Saint en un seul corps.

Souviens-toi, Seigneur, de ton Église répandue à travers le monde : fais-la grandir dans ta charité en union avec notre pape N., notre évêque N., et tous les évêques, les prêtres et les diacres.

Souviens-toi aussi de nos frères et sœurs qui se sont endormis dans l'espérance de la résurrection, et souviens-toi, dans ta miséricorde, de tous les défunts : accueille-les dans la lumière de ton visage.

Sur nous tous enfin, nous implorons ta bonté : permets qu'avec la Vierge Marie, la bienheureuse Mère de Dieu, avec saint Joseph, son époux, les Apôtres et tous les saints qui ont fait ta joie au long des âges, nous ayons part à la vie éternelle et que nous chantions ta louange et ta gloire, par ton Fils Jésus, le Christ.

Par lui, avec lui et en lui, à toi, Dieu le Père tout-puissant, dans l'unité du Saint-Esprit, tout honneur et toute gloire, pour les siècles des siècles.

—Amen.

Vient ensuite le rite de la communion, p. 255.

Prière eucharistique nº 3

(Préfaces : p. 232.)

Tu es vraiment saint, Dieu de l'univers, et il est juste que toute la création proclame ta louange, car c'est toi qui donnes la vie, c'est toi qui sanctifies toutes choses, par ton Fils, Jésus Christ, notre Seigneur, avec la puissance de l'Esprit Saint ; et tu ne cesses de rassembler ton peuple, afin que, du levant au couchant du soleil, une offrande pure soit présentée à ton nom.

(1) **En semaine :**

• C'est pourquoi nous te supplions, Seigneur, de consacrer toi-même les offrandes que nous apportons : •••

(2) **Le dimanche :**

• C'est pourquoi nous voici rassemblés devant toi, Dieu notre Père, et, dans la communion de toute l'Église, nous célébrons le jour où le Christ est ressuscité d'entre les morts. Par lui, que tu as élevé à ta droite, nous te supplions de consacrer toi-même les offrandes que nous apportons : •••

(3) **Pour l'Assomption :**

• C'est pourquoi nous voici rassemblés devant toi, Dieu notre Père, et, dans la communion de toute l'Église, nous célébrons le jour où la Vierge, Mère de Dieu, a été élevée au ciel, dans la gloire de son fils, Jésus Christ, notre Seigneur. Par lui, qui est à l'origine de notre foi et qui la mène à sa perfection, nous te supplions de consacrer toi-même les offrandes que nous apportons : •••

••• sanctifie-les par ton Esprit pour qu'elles deviennent le corps ✝ et le sang de ton Fils, Jésus Christ, notre Seigneur, qui nous a dit de célébrer ce mystère.

La nuit même où il fut livré, il prit le pain, en te rendant grâce il dit la bénédiction, il rompit le pain, et

le donna à ses disciples, en disant : « Prenez, et mangez-en tous : ceci est mon corps livré pour vous. »
De même, après le repas, il prit la coupe ; en te rendant grâce il dit la bénédiction, et donna la coupe à ses disciples, en disant :
« Prenez, et buvez-en tous, car ceci est la coupe de mon sang, le sang de l'Alliance nouvelle et éternelle, qui sera versé pour vous et pour la multitude en rémission des péchés. Vous ferez cela en mémoire de moi. »

(1) Il est grand, le mystère de la foi :
— Nous annonçons ta mort, Seigneur Jésus, nous proclamons ta résurrection, nous attendons ta venue dans la gloire.

(2) Acclamons le mystère de la foi :
— Quand nous mangeons ce pain et buvons à cette coupe, nous annonçons ta mort, Seigneur ressuscité, et nous attendons que tu viennes.

(3) Qu'il soit loué, le mystère de la foi :
— Sauveur du monde, sauve-nous ! Par ta croix et ta résurrection, tu nous as libérés.
ou:
Proclamons le mystère de la foi :
— Gloire à toi qui étais mort, gloire à toi qui es vivant, notre Sauveur et notre Dieu : viens, Seigneur Jésus !
(Voir p. 240 pour la version latine.)

En faisant ainsi mémoire de ton Fils, de sa passion qui nous sauve, de sa glorieuse résurrection et de son ascension dans le ciel, alors que nous attendons son dernier avènement, nous t'offrons, Seigneur, en action de grâce, ce sacrifice vivant et saint. Regarde, nous t'en prions, l'oblation de ton Église, et daigne y reconnaître ton Fils qui, selon ta volonté, s'est offert en sacrifice pour nous réconcilier avec toi. Quand nous serons nourris de son corps et de son sang, et remplis de l'Esprit

Saint, accorde-nous d'être un seul corps et un seul esprit dans le Christ.

Que l'Esprit Saint fasse de nous une éternelle offrande à ta gloire, pour que nous obtenions un jour l'héritage promis, avec tes élus : en premier lieu la bienheureuse Vierge Marie, Mère de Dieu, avec saint Joseph, son époux, les bienheureux Apôtres, les glorieux martyrs, (saint N.) et tous les saints, qui ne cessent d'intercéder auprès de toi et nous assurent de ton secours.

Et maintenant nous te supplions, Seigneur : par le sacrifice qui nous réconcilie avec toi, étends au monde entier le salut et la paix. Affermis ton Église, en pèlerinage sur la terre, dans la foi et la charité, en union avec ton serviteur notre pape N., et notre évêque N., l'ensemble des évêques, les prêtres, les diacres, et tout le peuple que tu as racheté. Écoute, en ta bonté, les prières de ta famille, que tu as voulu rassembler devant toi. Dans ta miséricorde, ramène à toi, Père très aimant, tous tes enfants dispersés.

Pour nos frères et sœurs défunts, et pour tous ceux qui ont quitté ce monde et trouvent grâce devant toi, nous te prions : en ta bienveillance, accueille-les dans ton Royaume, où nous espérons être comblés de ta gloire, tous ensemble et pour l'éternité, par le Christ, notre Seigneur, par qui tu donnes au monde toute grâce et tout bien.

Par lui, avec lui et en lui, à toi, Dieu le Père tout-puissant, dans l'unité du Saint-Esprit, tout honneur et toute gloire, pour les siècles des siècles.
— Amen.

Vient ensuite le rite de la communion, p. 255.

Prière eucharistique n° 4

Vraiment, il est bon de te rendre grâce, il est juste et bon de te glorifier, Père très saint, car tu es le seul Dieu, le Dieu vivant et vrai : toi qui es avant tous les siècles, tu demeures éternellement, lumière au-delà de toute lumière. Toi, le Dieu de bonté, la source de la vie, tu as fait le monde pour que toute créature soit comblée de tes bénédictions, et que beaucoup se réjouissent de l'éclat de ta lumière. Ainsi, la foule innombrable des anges qui te servent jour et nuit se tiennent devant toi, et, contemplant la splendeur de ta face, n'interrompent jamais leur louange. Unis à leur hymne d'allégresse, avec la création tout entière qui t'acclame par nos voix, Dieu, nous te chantons (louons) :

Saint ! Saint ! Saint,
le Seigneur,
Dieu de l'univers !
Le ciel et la terre
sont remplis de ta gloire.
Hosanna au plus haut des cieux.
Béni soit celui qui vient
au nom du Seigneur.
Hosanna au plus haut des cieux.

(Voir p. 237 pour la version latine.)

Père très saint, nous proclamons que tu es grand et que tu as fait toutes choses avec sagesse et par amour : tu as créé l'homme à ton image et tu lui as confié l'univers, afin qu'en te servant, toi seul, son Créateur, il règne sur la création. Comme il avait perdu ton amitié par sa désobéissance, tu ne l'as pas abandonné au pouvoir de la mort. Dans ta miséricorde, tu es venu en aide à tous les hommes pour qu'ils te cherchent et puissent te trouver. Tu as multiplié les alliances avec eux, et tu les as formés, par les prophètes, dans l'espérance du salut. Tu as tellement aimé le monde, Père très saint, que tu nous as envoyé ton Fils unique, lorsque les temps furent accomplis, pour qu'il soit notre Sauveur. Dieu fait homme, conçu de l'Esprit Saint, né de la Vierge Marie, il a vécu notre condition humaine en toute chose, excepté le péché, annonçant aux pauvres la bonne nouvelle du salut ; aux captifs, la délivrance ; aux affligés, la joie. Pour accomplir le dessein de ton amour, il s'est livré lui-même à la mort, et, par sa résurrection, il a détruit la mort et renouvelé la vie. Afin que désormais notre vie ne soit plus à nous-mêmes, mais à lui qui est mort et ressuscité pour nous, il a envoyé d'auprès de toi, Père, comme premier don fait aux croyants, l'Esprit Saint qui continue son œuvre dans le monde et achève toute sanctification.

Que ce même Esprit Saint, nous t'en prions, Seigneur, sanctifie ces offrandes : qu'elles deviennent ainsi le corps + et le sang de notre Seigneur Jésus, le Christ, dans la célébration de ce grand mystère, que lui-même nous a laissé en signe de l'Alliance éternelle.

Quand l'heure fut venue où tu allais le glorifier, Père très saint, comme il avait aimé les siens qui étaient dans le monde, il les aima jusqu'au bout : pendant le repas qu'il partageait avec eux, il prit le pain, dit la bénédiction, le rompit et le donna à ses disciples, en disant :
« **Prenez, et mangez-en tous** : ceci est mon corps livré pour vous. »

De même, il prit la coupe remplie de vin, il rendit grâce, et la donna à ses disciples, en disant :
« **Prenez, et buvez-en tous,** car ceci est la coupe de mon sang, le sang de l'Alliance nouvelle et éternelle, qui sera versé pour vous et pour la multitude en rémission des péchés. Vous ferez cela en mémoire de moi. »

Prière eucharistique nº 4

(1) Il est grand, le mystère de la foi :
— Nous annonçons ta mort,
Seigneur Jésus,
nous proclamons ta résurrection,
nous attendons ta venue dans la gloire.

(2) Acclamons le mystère de la foi :
— Quand nous mangeons ce pain
et buvons à cette coupe,
nous annonçons ta mort,
Seigneur ressuscité,
et nous attendons que tu viennes.

(3) Qu'il soit loué, le mystère de la foi :
— Sauveur du monde, sauve-nous !
Par ta croix et ta résurrection,
tu nous as libérés.
ou :
Proclamons le mystère de la foi :
— Gloire à toi qui étais mort,
gloire à toi qui es vivant,
notre Sauveur et notre Dieu :
viens, Seigneur Jésus !
(Voir p. 240 pour la version latine.)

Voilà pourquoi, Seigneur, nous célébrons aujourd'hui le mémorial de notre rédemption : en rappelant la mort du Christ et sa descente au séjour des morts, en proclamant sa résurrection et son ascension à ta droite, en attendant sa venue dans la gloire, nous t'offrons son corps et son sang, le sacrifice qui est digne de toi et qui sauve le monde entier. Regarde, Seigneur, celui qui s'offre dans le sacrifice que toi-même as préparé pour ton Église, et, dans ta bonté, accorde à tous ceux qui vont partager ce pain et boire à cette coupe d'être rassemblés par l'Esprit Saint en un seul corps, pour qu'ils deviennent eux-mêmes dans le Christ une vivante offrande à la louange de ta gloire.

Et maintenant, Seigneur, rappelle-toi tous ceux pour qui nous offrons le sacrifice : en premier lieu, ton serviteur notre pape N., notre évêque N., et l'ensemble des évêques, les prêtres et les diacres, les fidèles qui présentent cette offrande, les membres de notre assemblée, le peuple entier qui t'appartient, et tous ceux qui te cherchent avec droiture.

Souviens-toi aussi de ceux qui sont morts dans la paix du Christ, et de tous les défunts dont toi seul connais la foi.

À nous qui sommes tes enfants, accorde, Père très bon, l'héritage de la vie éternelle auprès de la Vierge Marie, la bienheureuse Mère de Dieu, auprès de saint Joseph, son époux, des Apôtres et de tous les saints, dans ton Royaume. Nous pourrons alors, avec la création tout entière, enfin libérée de la corruption du péché et de la mort, te glorifier par le Christ, notre Seigneur, par qui tu donnes au monde toute grâce et tout bien.

Par lui, avec lui et en lui, à toi, Dieu le Père tout-puissant, dans l'unité du Saint-Esprit, tout honneur et toute gloire, pour les siècles des siècles. – ***Amen.***

Vient ensuite le rite de la communion, *page 255.*

Prière eucharistique pour circonstances particulières nº 2

Vraiment, il est juste et bon, pour ta gloire et notre salut, de t'offrir notre action de grâce, toujours et en tout lieu, Seigneur, Père très saint, Créateur de l'univers et source de toute vie. Car tu n'abandonnes jamais ce que tu crées dans ta sagesse, mais tu te montres bienveillant, toujours à l'œuvre parmi nous. Tu as guidé ton peuple Israël à travers le désert, d'une main forte et d'un bras vigoureux ; aujourd'hui encore tu ne cesses d'accompagner ton Église au long de son pèlerinage en ce monde, par la force de ton Esprit Saint, et tu la conduis sur les routes de ce temps vers la joie éternelle de ton royaume, par le Christ, notre Seigneur. C'est pourquoi, avec les anges et les saints, nous chantons l'hymne de ta gloire et sans fin nous proclamons :

Saint ! Saint ! Saint…

(Voir p. 237 pour la version latine.)

Vraiment, tu es saint et digne de louange, Dieu qui aimes tes enfants, toi qui es toujours avec eux sur les chemins de cette vie. Vraiment, ton Fils, Jésus, est béni, lui qui se tient au milieu de nous, quand son amour nous réunit ; comme autrefois pour ses disciples, il nous ouvre les Écritures et il rompt le pain. C'est pourquoi, Père très aimant, nous t'en prions, envoie ton Esprit Saint afin qu'il sanctifie nos offrandes : que ce pain et ce vin deviennent pour nous le corps ✠ et le sang de notre Seigneur Jésus, le Christ.

La veille de sa passion, la nuit de la dernière Cène, il prit le pain, dit la bénédiction, le rompit et le donna à ses disciples, en disant :

« **Prenez, et mangez-en tous** : ceci est mon corps livré pour vous. »

De même, après le repas, il prit la coupe, te rendit grâce, et la donna à ses disciples, en disant :

Prière eucharistique pour circonstances particulières nº 2

« **Prenez, et buvez-en tous,** car ceci est la coupe de mon sang, le sang de l'Alliance nouvelle et éternelle, qui sera versé pour vous et pour la multitude en rémission des péchés. Vous ferez cela en mémoire de moi. »

(1) Il est grand, le mystère de la foi :
— Nous annonçons ta mort, Seigneur Jésus, nous proclamons ta résurrection, nous attendons ta venue dans la gloire.

(2) Acclamons le mystère de la foi :
— Quand nous mangeons ce pain
et buvons à cette coupe,
nous annonçons ta mort,
Seigneur ressuscité,
et nous attendons que tu viennes.

(3) Qu'il soit loué, le mystère de la foi :
— Sauveur du monde, sauve-nous !
Par ta croix et ta résurrection,
tu nous as libérés.
ou :

Proclamons le mystère de la foi :
— Gloire à toi qui étais mort,
gloire à toi qui es vivant,
notre Sauveur et notre Dieu :
viens, Seigneur Jésus !
(Voir p. 240 pour la version latine.)

Voilà pourquoi, Père très saint, nous faisons mémoire de ton Fils, le Christ, notre Sauveur, que tu as conduit, par la passion et la mort sur la croix, à la gloire de la résurrection pour qu'il siège à ta droite ; nous annonçons, jusqu'à ce qu'il vienne, l'œuvre de ton amour, et nous t'offrons le pain de la vie et la coupe de bénédiction. Regarde avec bonté l'offrande de ton Église qui te présente par nos mains ce qu'elle a reçu de toi : le sacrifice pascal du Christ. Que la force de ton Esprit d'amour fasse de nous, dès maintenant et pour l'éternité, les membres de ton Fils, nous qui communions à son corps et à son sang.

Prière eucharistique pour circonstances particulières nº 2

Toi qui nous invites à cette table, Seigneur, fortifie-nous dans l'unité : alors, en union avec notre pape N. et notre évêque N., avec l'ensemble des évêques, les prêtres, les diacres et ton peuple répandu par tout l'univers, nous avancerons sur tes chemins dans la foi et l'espérance, et nous pourrons apporter au monde la confiance et la joie.

Souviens-toi de nos frères et sœurs (N. et N.) qui se sont endormis dans la paix du Christ, et de tous les morts dont toi seul connais la foi : accueille-les dans la joie et la clarté de ton visage et donne-leur, par la résurrection, la plénitude de la vie. Et lorsque prendra fin notre pèlerinage sur la terre, reçois-nous dans la demeure où nous vivrons près de toi pour toujours.

Alors, avec la Vierge Marie, la bienheureuse Mère de Dieu, avec les Apôtres, les martyrs, (saint N. : *le saint du jour ou le saint patron*) et tous les saints, nous pourrons te louer et te magnifier, par ton Fils, Jésus, le Christ.

Par lui, avec lui et en lui, à toi, Dieu le Père tout-puissant, dans l'unité du Saint-Esprit, tout honneur et toute gloire, pour les siècles des siècles.

— Amen.

Vient ensuite le rite de la communion, p. 255.

RITE DE LA COMMUNION

Notre Père

(1) Comme nous l'avons appris du Sauveur, et selon son commandement, nous osons dire :

(2) Unis dans le même Esprit, nous pouvons dire avec confiance la prière que nous avons reçue du Sauveur :

Notre Père qui es aux cieux, que ton nom soit sanctifié,
que ton règne vienne, que ta volonté soit faite sur la terre comme au ciel.
Donne-nous aujourd'hui notre pain de ce jour. Pardonne-nous nos offenses,
comme nous pardonnons aussi à ceux qui nous ont offensés.
Et ne nous laisse pas entrer en tentation, mais délivre-nous du Mal.

(3) Præceptis salutaribus moniti, et divina institutione formati, audemus dicere : Pater noster, qui es in cælis : sanctificetur nomen tuum ; adveniat regnum tuum ; fiat voluntas tua, sicut in cælo, et in terra. Panem nostrum cotidianum da nobis hodie ; et dimitte nobis debita nostra, sicut et nos dimittimus debitoribus nostris ; et ne nos inducas in tentationem ; sed libera nos a malo.

Délivre-nous de tout mal, Seigneur, et donne la paix à notre temps : soutenus par ta miséricorde, nous serons libérés de tout péché, à l'abri de toute épreuve, nous qui attendons que se réalise cette bienheureuse espérance : l'avènement de Jésus Christ, notre Sauveur.

— Car c'est à toi qu'appartiennent le règne,
la puissance et la gloire pour les siècles des siècles !

Échange de la paix

Seigneur Jésus Christ, tu as dit à tes Apôtres : « Je vous laisse la paix, je vous donne ma paix » ; ne regarde pas nos péchés mais la foi de ton Église ; pour que ta volonté s'accomplisse, donne-lui toujours cette paix, et conduis-la vers l'unité parfaite, toi qui vis et règnes pour les siècles des siècles. ***—Amen.***
Que la paix du Seigneur soit toujours avec vous. ***—Et avec votre esprit.***
Dans la charité du Christ, donnez-vous la paix.

Fraction du pain

Que le corps et le sang de notre Seigneur Jésus Christ,
réunis dans cette coupe, nourrissent en nous la vie éternelle.

Agneau de Dieu

Agneau de Dieu, qui enlèves les péchés du monde, prends pitié de nous. *(bis)*
Agneau de Dieu, qui enlèves les péchés du monde, donne-nous la paix.

Agnus Dei, qui tollis peccata mundi, miserere nobis. (bis)
Agnus Dei, qui tollis peccata mundi, dona nobis pacem.

Communion

(1) Seigneur Jésus Christ, Fils du Dieu vivant, selon la volonté du Père et avec la puissance du Saint-Esprit, tu as donné, par ta mort, la vie au monde ; que ton corps et ton sang très saints me délivrent de mes péchés et de tout mal ; fais que je demeure fidèle à tes commandements et que jamais je ne sois séparé de toi.

(2) Seigneur Jésus Christ, que cette communion à ton corps et à ton sang n'entraîne pour moi ni jugement ni condamnation; mais que, par ta bonté, elle soutienne mon esprit et mon corps et me donne la guérison.

Voici l'Agneau de Dieu, voici celui qui enlève les péchés du monde.
Heureux les invités au repas des noces de l'Agneau!

— Seigneur, je ne suis pas digne de te recevoir;
mais dis seulement une parole, et je serai guéri.

Chant de communion *ou antienne de la communion.*

Prière après la communion *voir à la date du jour.*

RITE DE CONCLUSION

Le Seigneur soit avec vous.

— Et avec votre esprit.

Que Dieu tout-puissant vous bénisse, le Père, et le Fils, + et le Saint-Esprit.

— Amen.

Puis le diacre, ou le prêtre lui-même, les mains jointes, tourné vers l'assemblée, dit:

(1) Allez, dans la paix du Christ.
(2) Allez porter l'Évangile du Seigneur.
(3) Allez en paix, glorifiez le Seigneur par votre vie.
(4) Allez en paix.

— Nous rendons grâce à Dieu.

Chants pour la célébration

Les chants en rouge sont consultables à la page indiquée. **Les chants en noir** sont référencés avec leur cote SECL

	Ouverture	Renvoi	Communion / Action de grâce	Renvoi
4 août	Pain de Dieu, pain de vie	D381	Partageons le pain du Seigneur	D39-31
	Dieu nous accueille en sa maison	p. 261	Pain du Seigneur	p. 264
	C'est toi, Seigneur, le pain rompu	D293	Qui mange ma chair	D290
11 août	Peuple de l'Alliance	p. 259	Goûtez et voyez comme est bon le Seigneur	p. 266
	Lève-toi et mange	X49-73	Nous t'avons reconnu Seigneur	D59-24
	Je suis venu pour la vie	Chemin neuf	Tu traverses nos chemins	EDIT22-[illegible]
15 août	Marie, témoin d'une espérance	V23-07	Couronnée d'étoiles	V44-58
	La première en chemin, Marie	p. 260	Magnificat	Taizé
	Bénis le Seigneur, ô mon âme	Z102-6	Ave Maria, gratia plena	p. 268
18 août	C'est Jésus qui nous rassemble	D105	Le voici, le don de Dieu	D36-81
	Nous formons un même corps	p. 262	Voici le pain que donne Dieu	p. 270
	Église aux cent mille visages	A55-92	Pour vous donner la vie	X56-18
25 août	Il est bon de fêter notre Dieu	EDIT102	C'est toi, Seigneur, le pain rompu	p. 263
	Écoute la voix du Seigneur	p. 261	Merveille que je suis	Béatitud
	Que vive mon âme à te louer	Emmanuel	Disciple de Jésus	X979

Suggestions pour août 2024 proposées par Thibault Van Den Driessche, avec ChantonsenÉgli

Peuple de l'Alliance *(Ouverture)*

G244; T.: M. Scouarnec; M.: J. Akepsimas; ADF - Studio SM.

① **Peuple de l'Alliance,**
ton Dieu te fait signe. *(bis)*
Marche à la suite de Jésus !
Va crier son nom
sur les chemins du monde,
sur les chemins du monde.

② **Peuple de l'Alliance,**
ton Dieu te réveille. *(bis)*
Passe la mer avec Jésus !
Va creuser ta soif
dans les déserts du monde,
dans les déserts du monde.

③ **Peuple de l'Alliance,**
ton Dieu te pardonne. *(bis)*
Prends la lumière de Jésus !
Va semer l'amour
dans les hivers du monde,
dans les hivers du monde.

④ **Peuple de l'Alliance,**
ton Dieu te libère. *(bis)*
Porte ta croix avec Jésus !
Va planter la paix
aux carrefours du monde,
aux carrefours du monde.

⑤ **Peuple de l'Alliance,**
ton Dieu t'illumine. *(bis)*
Passe la mort avec Jésus !
Va danser la vie
sur les tombeaux du monde,
sur les tombeaux du monde.

⑥ **Peuple de l'Alliance,**
ton Dieu est ta force. *(bis)*
Ouvre tes portes avec Jésus !
Tu vivras d'Esprit
aux quatre vents du monde,
aux quatre vents du monde.

La première en chemin, Marie (Ouverture)

V565; T.: M.-C. Guédon; M.: G. Lefebvre; Studio SM.

① La première en chemin, Marie tu nous entraînes à risquer notre « oui »
aux imprévus de Dieu. Et voici qu'est semé en argile incertaine
de notre humanité Jésus Christ, Fils de Dieu.
Marche avec nous, Marie, sur nos chemins de foi,
ils sont chemins vers Dieu, ils sont chemins vers Dieu.

② La première en chemin, en hâte tu t'élances, prophète de celui qui a pris corps en toi.
La parole a surgi, tu es sa résonance,
et tu franchis des monts pour en porter la voix.
Marche avec nous, Marie, aux chemins de l'annonce,
ils sont chemins vers Dieu, ils sont chemins vers Dieu.

③ La première en chemin pour suivre au Golgotha
le Fils de ton amour que tous ont condamné. Tu te tiens là, debout,
au plus près de la croix pour recueillir la vie de son cœur transpercé.
Marche avec nous, Marie, sur nos chemins de croix,
ils sont chemins vers Dieu, ils sont chemins vers Dieu.

④ La première en chemin avec l'Église en marche
dès les commencements, tu appelles l'Esprit !
En ce monde aujourd'hui, assure notre marche ;
que grandisse le corps de ton Fils Jésus Christ !
Marche avec nous, Marie, aux chemins de ce monde,
ils sont chemins vers Dieu, ils sont chemins vers Dieu.

Dieu nous accueille en sa maison *(Ouverture)*

A174; T.: J.-P. Lécot; M.: J.-P. Lécot, G.-P. Palestrina (XVIe siècle); Zech.

Refrain: **Dieu nous accueille en sa maison, Dieu nous invite à son festin:
jour d'allégresse et jour de joie! Alléluia!**

① **Criez de joie pour notre Dieu,
chantez pour lui, car il est bon, car éternel est son amour.**

② **Avec Jésus, nous étions morts;
avec Jésus, nous revivrons, nous avons part à sa clarté.**

③ **« Si tu savais le don de Dieu »,
si tu croyais en son amour, tu n'aurais plus de peur en toi.**

Écoute la voix du Seigneur *(Ouverture)*

X548; T.: D. Rimaud; M.: J. Berthier; Studio SM.

① **Écoute la voix du Seigneur, prête l'oreille de ton cœur.
Qui que tu sois ton Dieu t'appelle, qui que tu sois, il est ton Père.**

Refrain: **Toi qui aimes la vie, ô toi qui veux le bonheur,
réponds en fidèle ouvrier, de sa très douce volonté.
réponds en fidèle ouvrier, de l'Évangile et de sa paix.**

② **Écoute la voix du Seigneur, prête l'oreille de ton cœur.
Tu entendras que Dieu fait grâce, tu entendras l'esprit d'audace.**

③ **Écoute la voix du Seigneur, prête l'oreille de ton cœur.
Tu entendras crier les pauvres, tu entendras gémir ce monde.**

Nous formons un même corps (Communion)

C105; T. et M. : J.-P. Lécot; Lethielleux.

Refrain : **Nous formons un même corps, nous qui avons part au même pain,**
et Jésus Christ est la tête de ce corps : l'Église du Seigneur.

① **Je suis le pain vivant descendu du ciel.**
Qui mange de ce pain vivra pour toujours,
et ce pain que je vous donne, c'est ma chair.
Livrée pour la vie du monde.

② **La nuit où il fut livré, le Seigneur prit du pain.**
Il rendit grâce et le rompit en disant :
ceci est mon corps livré pour vous.
Faites ceci en mémoire de moi.

③ **À la fin du repas, Jésus prit la coupe en disant :**
voici la coupe de la Nouvelle Alliance.
Faites ceci en mémoire de moi.
Ainsi vous annoncez la mort du Seigneur jusqu'à son retour.

④ **Le corps est un, mais il y a plusieurs membres,**
qui malgré leur nombre ne font qu'un seul corps.
Nous avons été baptisés dans un seul Esprit
pour être un seul corps abreuvé au même Esprit.

C'est toi, Seigneur, le pain rompu *(Communion)*

D293; T : J.-P. Lécot; M. : G. Kirbye; Lethielleux.

Refrain : **C'est toi Seigneur le pain rompu, livré pour notre vie.**
C'est toi, Seigneur, notre unité, Jésus ressuscité.

① **Jésus, la nuit qu'il fut livré, rompit le pain et dit :**
Prenez, mangez : voici mon corps, livré pour l'univers.

② **Jésus, la nuit qu'il fut livré, montra le vin et dit :**
Prenez, buvez : voici mon sang, versé pour l'univers.

③ **Je donnerai gratuitement à ceux qui m'ont cherché,**
et tous les pauvres mangeront, parole du Seigneur.

④ **Je suis le pain qui donne vie : qui croit en moi, vivra ;**
et je le ressusciterai, au jour de mon retour.

⑤ **Je suis venu pour vous sauver et non pour vous juger :**
c'est notre Père qui m'envoie pour vous donner la vie.

⑥ **Nous partageons un même pain, dans une même foi,**
et nous formons un même corps : l'Église de Jésus.

⑦ **C'est maintenant le temps de Dieu : il faut nous préparer.**
C'est maintenant le temps de Dieu : il faut changer nos cœurs.

⑧ **Avant d'aller vers mon autel, regarde ton prochain :**
pardonne et réconcilie-toi, puis viens dans ma maison.

Pain du Seigneur (Communion)

D73-91 ; T. : M.-A. Noury ; M. : W.-H. Monk (1861) ; ADF Musique.

𝅗𝅥 = 60 *Assez modéré*

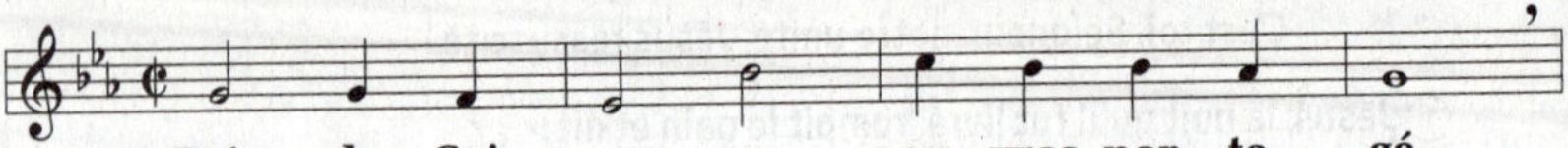

1. Pain du Sei - gneur aux pau - vres par - ta - gé,
2. Vin du Sei - gneur en fê - te ré - pan - du,
3. Don du Sei - gneur au gré de no - tre faim,
4. C'est le Sei - gneur ! Il vient nous ras - sem - bler.

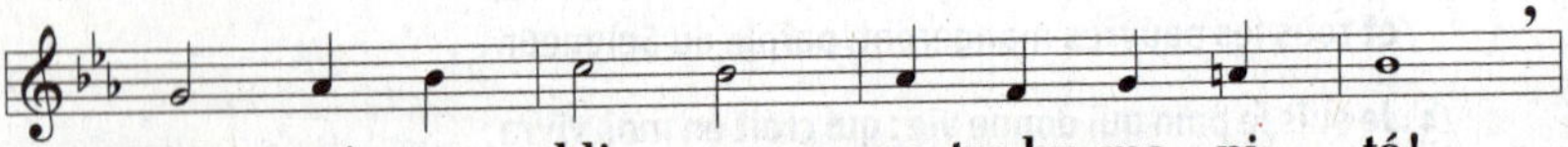

1. Dieu qui su - bli - mes no - tre hu - ma - ni - té !
2. joie qui con - so - le, si - gne du sa - lut !
3. Dieu vul - né - ra - ble que l'a - mour é - treint !
4. Heu - reux les pau - vres qu'il a ras - sa - siés !

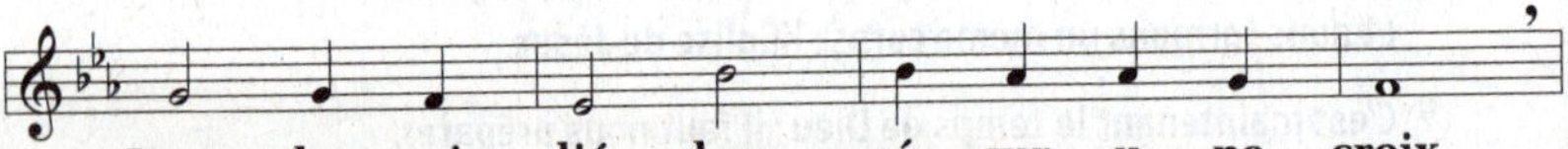

1. Corps hu - mi - lié, dres - sé sur u - ne croix,
2. Vi - gne meur - trie, ton fruit nous est of - fert :
3. Corps dé - po - sé aux nuits de nos tom - beaux,
4. Corps a - ni - mé du souf - fle de l'Es - prit,

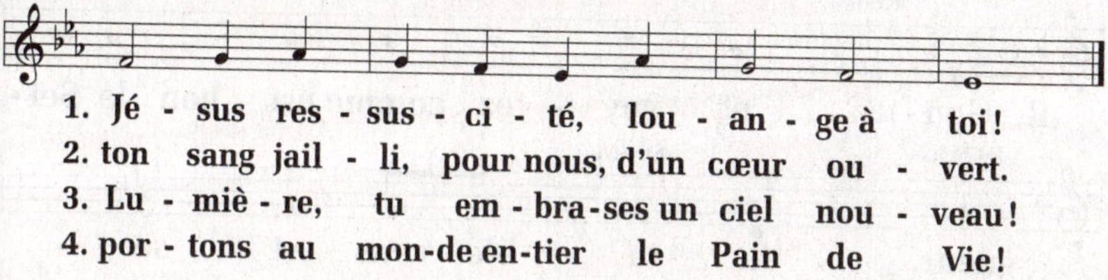

CODA (facultative)

Goûtez et voyez comme est bon le Seigneur (Communion)

D57-71; T. : R. Mutin; M. : J. Akepsimas; ADF-Studio SM.

② Tressaillez ! Le Seigneur vous attend,
il entend ses enfants qui l'appellent.
Suppliez le Seigneur en tout temps,
rien ne manque à tous ceux
qui le cherchent.

③ Au désert, il vous ouvre un torrent,
il envoie sa parole sur terre.
Écoutez le Seigneur en tout temps,
la fraîcheur de son puits désaltère.

④ Exaltez tous ensemble son nom,
tous ensemble chantons ses merveilles.
Proclamez le Seigneur en tout temps,
sa parole au matin vous réveille.

⑤ Il vous donne la fleur du froment,
il vous offre le pain de lumière.
Recevez le Seigneur en tout temps,
et la paix gagnera les frontières.

⑥ Accueillez le soleil des vivants,
Jésus Christ vous revêt de sa gloire.
Rayonnez le Seigneur en tout temps,
sa clarté transfigure l'histoire.

Ave Maria, gratia plena (Action de grâce)

T. : français Jean-Paul Lécot ; M. : Maria Parkinson ; Harm. Jean-Paul Lécot.

COUPLETS ♩= 120

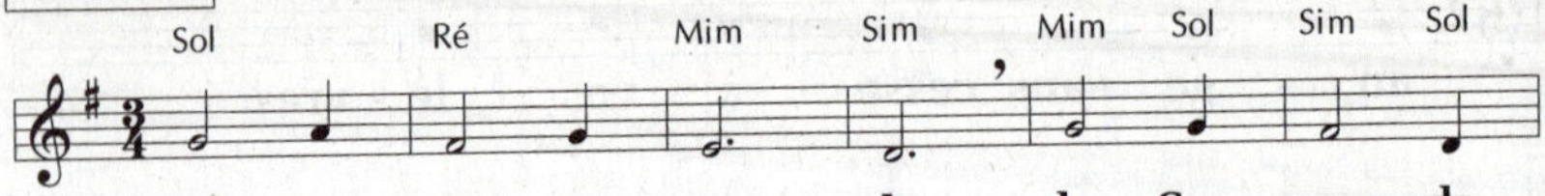

1. Tu as mis au mon - de le Sau - veur de
2. Mè - re de la grâ - ce, tu ac - cueil - les
3. Mè - re de l'É - gli - se, tu é - tais près
4. Au ma - tin de Pâ - ques, tu ray - on - nes
5. Vier - ge de lu - miè - re, tu de - meu - res

1. l'u - ni - vers : Jé - sus Christ, Fils__ de Dieu.
2. tes en - fants, les__ pe - tits, les__ pé - cheurs.
3. de la Croix, nous__ mon - trant le__ Sau - veur.
4. dans la joie : ton__ en - fant est__ vi - vant.
5. pour tou - jours près__ de Dieu, près__ de nous.

Ré Mim Lam6 Ré7 Mi4 3
1. à 5. Bé - nie sois - tu Ma - rie !
REFRAIN
Sol Ré7/4 Sim Mim Ré Sol Lam6
A - ve, Ma - ri - a, gra - ti - a
Sol Fa#dim Mim Mim7 Lam Ré Ré7 Sol
ple - na, Do - mi - nus te cum,
Ré9 Ré7 Mim Lam Ré Sol
be - ne - di - cta tu !

Voici le pain que donne Dieu (Communion)

D50-07-2; T. : CNPL/D. Rimaud; M. : M. Wackenheim; Bayard Liturgie.

① **Voici le pain que donne Dieu,**
le pain vivant venu du ciel;
tous ceux qui mangent de ce pain
ne connaîtront jamais la mort. *(bis)*

② **Mangeons le pain livré pour nous,**
le pain de vie qui donne Dieu;
buvons le sang versé pour nous,
le sang qui lave tout péché. *(bis)*

③ **La coupe que nous bénissons**
est communion au sang du Christ;
le pain qu'ensemble nous rompons
est communion au corps du Christ. *(bis)*

④ **Si nous mangeons la chair du Christ,**
en Dieu nous demeurons vivants;
si nous buvons le sang du Christ,
la vie de Dieu demeure en nous. *(bis)*

⑤ **Ce pain est force au long des jours,**
ce pain est jour au long des nuits;
ce vin est source en plein désert,
il est l'ivresse de l'Esprit. *(bis)*

⑥ **Prenons le pain des temps nouveaux,**
le corps où l'homme est accompli;
Goûtons au vin d'immense joie,
au sang qui fait de l'homme
un Dieu. *(bis)*

⑦ **Louange au Père tout-puissant,**
louange au Fils, à l'Esprit Saint,
honneur et gloire au Dieu de vie
qui nous rassemble
en un seul corps. *(bis)*

CHANTS POUR L'ORDINAIRE

MESSE DE LOURDES

Préparation pénitentielle

AL23-23; M.: J.-P. Lécot et P. Décha; Bayard Liturgie.

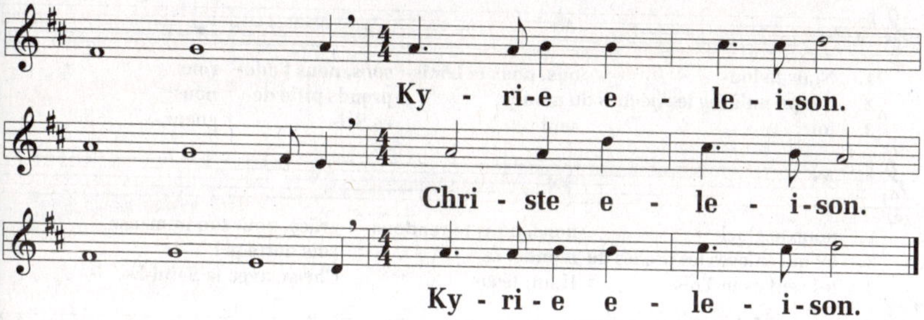

Gloire à Dieu

AL189; T.: AELF; M.: J.-P. Lécot; P. Zech.

Glo - ri - a, glo - ri - a, in ex - cel - sis De - o!
1. Paix sur la terre aux hommes qu'il aime.
2. Seigneur, Fils unique, Jésus Christ, Seigneur Dieu, Agneau de Dieu, le Fils du Père;
3. Car toi seul es saint,
1. Nous te lou- ons, nous te bénis- sons, nous t'ado- rons,
2. toi qui enlèves les péchés du monde, prends pitié de nous;
3. toi seul es Sei- gneur,
1. nous te glori- fions, nous te rendons grâce, pour ton immense
2. toi qui enlèves les péchés du monde, re - çois notre pri -
3. toi seul es le Très- Haut: Jésus Christ, avec le Saint-Es -
1. gloire, Seigneur Dieu, Roi du ciel, Dieu le Père tout-puis - sant.
2. ère; toi qui es assis à la droite du Père, prends pitié de nous.
3. prit dans la gloire de Dieu le Père. A- men.

Saint le Seigneur

A168 ; T. et M. : J.-P. Lécot (Chants notés, t. 3, p. 15); P. Zech.

Agneau de Dieu

AL23-14; M. : P. Décha; Bayard Liturgie.

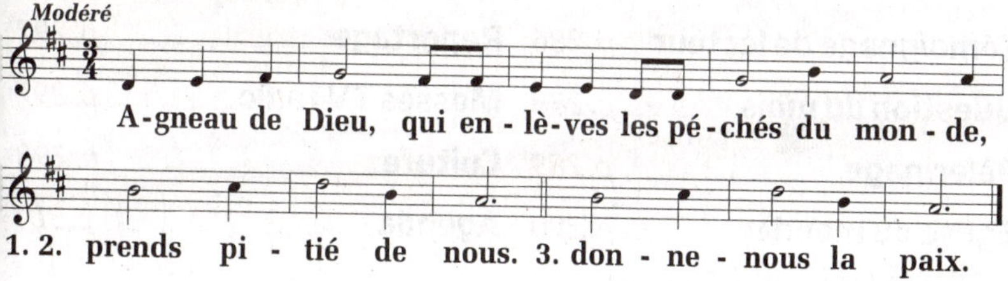

LES RENDEZ-VOUS D'AOÛT 2024

SOMMAIRE

Chemin d'étoiles
Jacques Nieuviarts
p. 276

Les seconds rôles dans la Bible
Anne Lécu
p. 278

Trésors de la liturgie
Emmanuelle Billoteau
p. 281

Le Rosaire, un chapelet de questions
François-Dominique Forquin
p. 284

Témoignage de lecteur ...... *p. 286*
Question du mois ...... *p. 288*
Pèlerinage ...... *p. 289*
Église du monde ...... *p. 290*
Reportage ...... *p. 292*
Messes TV radio ...... *p. 297*
Culture ...... *p. 298*
Agenda ...... *p. 301*

Les accents de l'été

Ce mois d'août nous surprend en pleine fièvre des Jeux olympiques. Notre capitale s'est montrée accueillante et a tout mis en œuvre pour que la magie de la rencontre opère. Celle-ci se manifeste entre les sportifs et le public, entre les différentes disciplines, entre les compétiteurs amateurs et les professionnels, entre les pays participants, leurs langues et leurs accents. Dans ce contexte, l'épisode du livre des Juges évoqué par Anne Lécu ce mois-ci résonne tout particulièrement. Ici, il est question de l'accent avec lequel on prononcera un mot de passe pour franchir la porte de la Terre promise. Cet accent aura le pouvoir de vie ou de mort pour les ressortissants des deux tribus ennemies. Parfois, la frontière est mince entre ce qui nous sépare et ce qui nous unit. Une différence de prononciation peut enrichir la valeur d'un échange. Elle peut aussi alimenter des vieilles rivalités entre camps adverses. Profitons de ce mois d'août pour découvrir nos propres accents, pour les aimer et les faire chantonner dans la rencontre avec les autres. Cet été olympique est une occasion de bâtir des ponts pour que la véritable victoire soit celle de l'unité. ■

Karem Bustica
Rédactrice en chef de Prions en Église

« La frontière est mince entre ce qui nous sépare et ce qui nous unit. Une différence de prononciation peut enrichir la valeur d'un échange. »

CHEMIN D'ÉTOILES

Jacques Nieuviarts, prêtre assomptionniste

Étoile brisée

La promesse faite au peuple de Dieu d'être aussi nombreux que les étoiles du ciel n'est pas un acquis. Elle s'entretient et se cultive pour éviter qu'elle ne se brise.

Aux abords de la Terre promise, Moïse eut cette parole solennelle à l'adresse du peuple rassemblé : « Le Seigneur […] vous a déjà multipliés, et aujourd'hui vous voici nombreux comme les étoiles du ciel ! [Il] vous multipliera encore mille fois autant, il vous bénira comme il vous l'a dit » (Dt 1, 10-11). C'est sous cette bonne étoile de la promesse que les Hébreux marchent vers la Terre promise, le ciel demeurant le reflet lumineux de la promesse et de sa surabondance. Mais, comme ne cesse de le rappeler la Bible, ce qui est donné doit être reçu et cultivé. Un psaume, comme de nombreux autres textes, le chante : « Amour et vérité se rencontrent, justice et paix s'embrassent ; la vérité germera de la terre et du ciel se penchera la justice » (Ps 84, 11-12). La promesse biblique se tisse toujours entre ciel et terre. Que l'homme vienne à faire défaut dans cette heureuse construction, elle peut se briser. Moïse le dit avec gravité à la fin de son long discours avant l'entrée en Terre promise : « Vous avez été aussi nombreux que les étoiles du ciel, il ne restera de vous qu'un petit nombre de gens, parce que tu n'auras pas écouté la voix du Seigneur ton Dieu » (Dt 28, 62). Menace, mise en garde ou appel à tenir dans la voie du Seigneur, à garder ses commandements, comme on garde une terre, comme on la cultive. Dans les mains de l'homme, la promesse se cultive, car elle peut échapper ou se briser. L'histoire biblique se vit dans la fragilité de ce don sans limite confié à l'homme aux premiers jours de la Création et sur lequel Dieu veille, mais aussi dans la fragilité de l'homme, toujours prêt à lâcher l'Alliance, par amnésie ou égarement. Car l'alliance est toujours inégale : un suzerain l'accorde à grands frais à un vassal, auquel il impose ses conditions souvent lourdes. Celle que Dieu noue avec son peuple est sans autre contrepartie que d'apprendre à vivre « comme lui » au milieu des autres peuples (cf. 1 S 8, 20). Apprentissage difficile qui traverse tout l'Ancien Testament et se poursuit dans le Nouveau, lorsque Jésus invite ses disciples à vivre selon l'esprit des Béatitudes, c'est-à-dire comme lui ! Le chrétien s'inscrit dans ce sillage, de la beauté et de la fragilité de la promesse, qui n'est donnée en plénitude que lorsque l'on s'y donne sans retour. ■

L'histoire biblique se vit dans la fragilité de ce don sans limite confié à l'homme aux premiers jours de la Création.

Anne Lécu, dominicaine

Shibboleth ou Sibboleth ?

Au chapitre 12 du livre des Juges, les hommes d'Éphraïm et de Galaad se font la guerre (Jg 12, 1-6). Dans ce récit, la prononciation d'un mot sera question de vie ou de mort.

Au livre des Juges, les gens de Galaad sont en guerre contre ceux d'Ammon. Ils ont sollicité l'aide de leurs cousins d'Éphraïm qui – semble-t-il – n'ont pas bougé le petit doigt. Les gens de Galaad gagnent et ceux d'Éphraïm, furieux de ne pas avoir été associés à cette victoire, se mettent à faire des reproches à ceux de Galaad. Cela dégénère en nouveau conflit. Il s'agit d'une guerre fratricide : les gens de Galaad descendent de Manassé, frère d'Éphraïm. Or, que se passe-t-il ? Galaad s'empare des gués du Jourdain, et refuse le passage à Éphraïm qui l'a laissé tomber. Comme mot de passe, on demande à ceux qui se présentent au poste frontière sur la rive du fleuve de prononcer le mot « Shibboleth ». En effet, les gens de Galaad prononcent « Shibboleth » quand ceux d'Éphraïm disent « Sibboleth ». Tous les Éphraïmites, qui prononcent « s » au lieu de « sh », sont massacrés. Un peu comme si les Toulousains attendaient les Parisiens à la gare en leur interdisant le passage s'ils disaient « pain au chocolat » au lieu de « chocolatine ». Cette histoire tragicomique est riche en enseignements. Le mot est d'ailleurs passé dans la langue : on dit un « shibboleth » pour désigner une manière de reconnaître autrui par sa prononciation. Nous pouvons parfois juger les autres sur leur prononciation, indiquant le milieu où ils ont été élevés. Le shibboleth sert alors de sésame pour signifier si, oui ou non, on appartient au groupe. Le danger, alors, serait de tomber dans une forme d'entre soi.

La mésaventure des Éphraïmites peut aussi être lue autrement, du ...

© Gaétan Évrard

Première Alliance

« Les hommes de Galaad lui demandaient :
"Es-tu d'Éphraïm ?" S'il répondait : "Non", ils lui disaient :
"Eh bien, dis : Shibboleth !" Lui prononçait : "Sibboleth" »,
car il n'arrivait pas à dire le mot correctement. Juges 12, 5-6

... point de vue des gens de Galaad : c'est un peu facile de ne pas participer au combat et de vouloir partager la victoire, il y a des limites à ne pas dépasser ! En ce sens, ce petit mot de passe peut figurer la limite que l'on n'accepte pas de voir franchie. La limite ici est le Jourdain, le fleuve qui indique l'entrée en Terre promise. Ce n'est donc pas anecdotique. Les habitants de Galaad semblent dire que l'entrée en Terre promise n'est pas compatible avec la lâcheté. Galaad s'est battu pour sa liberté. D'ailleurs, le mot « shibboleth » n'est peut-être pas choisi par hasard. En hébreu, la racine « SHaBaL » veut dire « diviser en rameaux » (comme un épi ou les bras d'un cours d'eau). Quelque chose qui donne la vie, en somme. Alors que la racine « SaBaL » signifie « porter un fardeau ». En choisissant ce mot, les habitants de Galaad nous indiquent peut-être que marcher à la suite du Dieu vivant en Terre promise est une question de vie ou de mort. ■

Nouvelle Alliance

« Eh bien ! moi, je vous dis : Tout homme qui se met en colère contre son frère devra passer en jugement. Si quelqu'un insulte son frère, il devra passer devant le tribunal. Si quelqu'un le traite de fou, il sera passible de la géhenne de feu. »

Matthieu 5, 22

Emmanuelle Billoteau, ermite

Chanter sa foi

Les hymnes de la liturgie des Heures nous offrent plusieurs richesses : elles nourrissent notre foi, notre prière, notre espérance. Elles nous apprennent également à porter un regard contemplatif sur notre vie.

La liturgie des Heures contribue à la sanctification de notre journée, en proposant des temps forts tels les offices du matin (laudes) et du soir (vêpres). Deux temps que nous pouvons adapter à notre état de vie, à notre fatigue, à notre agenda parfois chargé. Parmi les propositions qui nous sont faites sur différents sites d'aide à la prière, nous trouvons des hymnes dédiées plus particulièrement à tel ou tel moment de la journée, à tel ou tel temps liturgique, à telle ou telle fête. Ce sont des compositions poétiques mises en musique, sachant que ces spécificités nous aident à les mémoriser et à entrer dans un réel silence intérieur. Patrice de la Tour du Pin (XXe siècle) s'exprime ainsi au sujet de ces compositions : « L'acte poétique n'est pas seulement de parole, mais…

…de silence » (*La Maison-Dieu*, 121). Silence devant le mystère de Dieu, devant le mystère de la vie, au-delà de nos mots, même si ceux-ci s'avèrent indispensables.

Nous retiendrons ici une hymne du matin et une hymne du soir. La première s'intitule *Dans notre cœur la vigilance* (CFC/Robert/Bayard). Elle place notre journée sous le signe de cette attitude intérieure qui consiste à veiller, à rester « aux aguets » comme le chante le psaume 5 dans l'une de ses traductions liturgiques – autant dire à prêter attention à la présence de Dieu dans nos vies, à ne pas nous arrêter à la surface des êtres, des événements, des choses. « Que veille en nous l'action de grâce, comme la fleur de l'amandier qui la première au loin regarde l'été venir et sa moisson » (strophe 2). L'amandier évoque le premier chapitre du livre de Jérémie et les promesses d'une délivrance, sachant qu'en pays méditerranéen, l'amandier est le premier arbre à refleurir après l'hiver. Sous l'aspect flétri ou inachevé des réalités qui sont les nôtres et auxquelles nous serons confrontés tout au long du jour, nous sommes appelés à discerner, dans la foi, le temps des germinations prémices de la moisson, de la fécondité, de l'accomplissement, tels que Dieu les voit déjà. La dernière strophe est elle aussi tendue vers les réalités dernières, vers les noces de l'Agneau évoquées, entre autres, dans la finale du livre de l'Apocalypse : « Voici l'Époux qui nous appelle, courons aux noces de l'Agneau. Mais que la route paraît longue : quand poindras-tu dernier matin ? » Cette strophe inscrit la vie chrétienne dans une dynamique d'attente et de tension vers la rencontre ultime avec Dieu. Mais nous ne pourrons la vivre qu'habités par l'amour et la louange, ces « deux ailes du matin » qui « nous emportent loin de nous », corrigeant la tendance au repli sur nous-mêmes. La dimension communautaire de la démarche est soulignée dans la première strophe. Si Dieu nous rend vigilants, « le chant commun de notre joie » à nous savoir précédés et aimés est vivifié par le fait que nous accomplissons notre périple avec d'autres dans ce qu'il est convenu d'appeler la « communion des saints », à défaut de communauté concrète.

L'hymne des vêpres, intitulée *Le soir peut revenir* (Fertin/Berthier/Studio SM), fait mention du soir et de la nuit, de tout ce qu'ils symbolisent – « brouillard et doutes », « naufrage », « mort implacable » – et des expériences qui peuvent leur être liées – « fatigue des jours », « frayeur », « désolation ». Toutes choses qu'il nous est possible de traverser avec Jésus : lui, « la source et le pain de la vie », « le Maître du navire et des flots », « le frère premier-né relevé du tombeau ». Le texte de l'hymne est nourri de l'Évangile et nous invite à faire mémoire de Jésus, présent à nos côtés ; ce que nous ne pensons pas toujours à faire dans nos angoisses. Alors oui, « le soir peut revenir et la nuit si Jésus nous redit de quel Esprit nous sommes », s'il « nous redit l'amour qui nous fait vivre ». ■

L'hymne nous invite à faire mémoire de Jésus, présent à nos côtés ; ce que nous ne pensons pas toujours à faire dans nos angoisses.

LE ROSAIRE, UN CHAPELET DE QUESTIONS

François-Dominique Forquin, prêtre dominicain et aumônier national des Équipes du Rosaire

Mise au point du Rosaire

Le Rosaire trouve la forme que nous lui connaissons aujourd'hui à la fin du XVIe siècle avec une fête, un objet et une prière.

L'ange salue Marie, Paul l'Ermite jette ses cailloux, l'hymne acathiste résonne en Orient, les troubadours tissent des couronnes de roses, les cisterciens chantent les 150 Ave, Dominique de Prusse invente la clausule, les Dominicains créent les confréries… À mesure que nous cheminons ensemble, amis lecteurs, au fil de ces chroniques mensuelles sur le Rosaire, peut-être vous interrogez-vous à juste titre : au fond, le Rosaire, ça commence quand exactement ? Au regard de cette histoire riche et complexe, il est sans doute difficile de dire quand le Rosaire commence vraiment. En revanche, il est sans doute moins hasardeux d'identifier l'époque de sa mise au point définitive qui lui donne sa structure. Cette période est celle de saint Pie V, pape dominicain. Après le succès inattendu de la bataille navale de Lépante (1571), qui vit s'affronter les flottes turques et occidentales aux effectifs fortement déséquilibrés en faveur des Ottomans, il institua la fête de Notre-Dame des Victoires le 7 octobre. Il a en effet attribué cette victoire à l'issue inattendue à la prière du Rosaire, puisque l'heure où le combat bascula en faveur de la flotte pontificale était l'heure où les confréries du Rosaire étaient réunies pour prier.

C'est donc à la fin du XVIe siècle, que la prière du Rosaire trouve la forme que nous lui connaissons aujourd'hui : une fête (le 7 octobre), un objet (le chapelet, qui manifeste son organisation en mystères) et une prière du Je vous salue Marie qui a pris sa forme actuelle avec le concile de Trente (avec l'ajout final de : « Sainte Marie, Mère de Dieu priez pour nous… »).

Il ne s'agit pas tant de célébrer une victoire sur l'ennemi que de laisser le Christ vaincre toute violence en nous.

Mais que cette mise au point soit l'occasion d'une autre précision : le changement significatif, par le pape Grégoire XIII en 1573, du vocable de la fête de Notre-Dame des Victoires pour celui de Notre-Dame du Rosaire veut souligner qu'il ne s'agit pas tant de célébrer une victoire sur l'ennemi que de laisser le Christ vaincre toute violence en nous par la méditation des mystères de sa vie. Si le Rosaire a été élaboré à l'occasion d'une bataille contre les Ottomans, il ne devrait jamais être utilisé de façon offensive au risque de faire de l'autre sa tête de Turc. Pour le dire simplement : sa mise au point au XVIe siècle ne devrait être le prétexte d'aucune mise au poing. ■

Propos recueillis par **Frédéric Pascal**, journaliste

Unifier sa vie grâce à la méditation

Arnaud Arcadias, instituteur, Lillois, 52 ans, laïc dominicain et père de deux enfants, teste la méditation de pleine conscience avant sa prière quotidienne.

« De tout temps, la prière est un lieu d'unification de ma vie. Pas un jour ne passe sans que je prie au réveil. La prière liturgique, très existentielle, me touche beaucoup. Et, dans cette vie spirituelle, *Prions en Église* est mon compagnon de prière. Mais, depuis des années, je cherchais sans succès à ce que ma prière matinale infuse le reste de ma journée. J'avais le désir d'avoir, à certains moments de la journée, une respiration priante ou un verset qui m'accompagne. Je n'y arrivais pas, sans trop savoir pourquoi.

Et voilà que, depuis peu de temps, j'expérimente la méditation avant mon temps de prière quotidien. Ma journée commence dès 5 heures par trente minutes de méditation de pleine conscience. Je ne la connaissais que de nom avant que des amis – dont la paix intérieure m'interpellait – me racontent ce qu'ils vivent. Ils m'ont envoyé des fichiers audios

© Sandrine Martin

avec une méditation guidée et assez répétitive : trouver une bonne assise, conscientiser le contact du corps avec le sol, trouver une respiration profonde… L'idée étant de ne pas être parasité par les pensées. Quand une pensée arrive, je suis invité "avec beaucoup de bienveillance" à "revenir tout doucement vers la conscience". Je n'ai pas encore compris ce qu'était cette "conscience", mais je constate combien ce travail sur la respiration m'aide à m'unifier avec mon corps. Quand je poursuis avec mon temps de prière, en lisant les lectures du jour et le commentaire dans *Prions en Église,* je fais l'expérience que la parole de Dieu s'incarne en moi. Là où, auparavant, elle restait dans le domaine des idées ou de l'affectif, la respiration concrète et profonde me permet véritablement de la faire descendre dans mon corps. Je me sens unifié. Et alors, tout au long de ma journée, je peux revivre cette expérience de souffle et d'apaisement. » ■

QUESTION DU MOIS

Pourquoi prendre un chant à Marie à la fin de la messe ?

Alors que des revues et sites liturgiques proposent un choix de chants « d'envoi » ou « de sortie » à la fin de la messe (par exemple *Chantons en Église*), l'habitude d'un chant marial s'installe petit à petit en bien des endroits. Une pratique à bien comprendre.

Le rite de conclusion de la messe comporte les annonces, la bénédiction, puis « l'envoi du peuple par le diacre ou le prêtre afin que chacun retourne à ses bonnes œuvres en louant et bénissant le Seigneur » (*Présentation générale du Missel romain* n° 90). Il n'y est pas question d'un chant. Un chant final doit alors garder à ce moment son sens liturgique : si le Seigneur nous a rassemblés, c'est pour nous envoyer en mission. Ce qui est chanté à la fin d'une messe doit toujours avoir ce caractère missionnaire. Aux moments plus spécifiquement dédiés à Marie (le mois de mai, l'été autour du 15 août, etc.), un chant marial est bienvenu, surtout s'il déploie la dimension de la mission : *La première en chemin, Marie* (V 565), écrit à partir du récit de la Visitation, met typiquement en œuvre la mission, notre envoi sur les chemins du monde. Et si nous voulons remercier Marie, lui demander son intercession, faire appel à sa tendresse protectrice, que ce soit toujours en vue de notre mission au cœur du monde. ■

Michèle Clavier, *théologienne*

CROISIÈRE PÈLERINAGE DE L'AVENT

En chemin vers Noël sur le Rhin !

Ce pèlerinage vous offre l'opportunité de découvrir les plus beaux édifices religieux d'Alsace et de Forêt-Noire et les marchés de Noël de la vallée du Rhin. Ils témoignent du fort attachement de cette région à la préparation et à la célébration de la Nativité. Partez sur le chemin spirituel qu'ouvre un tel itinéraire. Noël est chemin de liberté intérieure. Sébastien Antoni, prêtre assomptionniste et journaliste à *Prions en Église,* et Venceslas Deblock assurent l'animation spirituelle. ■

Corinne Miguel

Marché de Noël, place Kléber, Strasbourg (67)

PRATIQUE **Du 1er au 4 décembre 2024.** Une proposition **"Prions en Église", "Le Pèlerin"** et **"La Croix"** organisée par Croisieurope. **Renseignements et inscriptions :** 01 44 32 04 37 ou croisieurope.eu/pelerin

Alix Desombre, volontaire avec la DCC* et infirmière en Bolivie

Pratiques de Bolivie

« Avec Valentin nous sommes infirmiers à l'hôpital pédiatrique de Cochabamba (Bolivie). Ici, je découvre un pays catholique dont les pratiques religieuses sont empreintes des croyances et de la culture des peuples indigènes andins. Par exemple, le mois d'août est dédié à Pachamama, la Terre mère, à laquelle il est coutume de faire des offrandes pour renouveler la terre et avoir de bons fruits. Lors de ce rite d'offrandes, chaque personne vient déposer ses intentions avec douze feuilles de coca représentant les douze Apôtres. On les saupoudre de riz mélangé à du sucre et de la cannelle. On rajoute des cigarettes et des billets, puis on met le tout sur une tour en bois, qu'on entoure d'alcool et on y met le feu. Le feu éteint et les cendres refroidies, ces dernières sont enterrées. Un bon repas est ensuite partagé. Pendant les messes, on peut arriver à tout moment, surtout pour l'eucharistie, ou à la fin pour se faire bénir par le prêtre. Cela m'a beaucoup déconcertée et interpellée dans ma foi. J'ai mieux compris combien j'avais besoin, pour ma part, d'intériorité et de vivre des liens profonds au sein d'une communauté paroissiale. » ■

*La Délégation catholique pour la coopération (DCC) est le service du volontariat de l'Église en France.

DCC / A. Desombre

1. Brossage de dents au centre Pailaviri, Potosi (Bolivie). 2. Rituel d'offrandes, El Alto. 3. Après l'offrande, on partage ensemble un bon repas, El Alto. 4. Alix et Valentin avec l'équipe soignante de l'hôpital de Cochabamba.

Anne-Quitterie Jozeau, journaliste

Le service de la lumière, une pastorale du feu

Pendant le Pèlerinage national à Lourdes (64), quinze hospitaliers accueillent passants et pèlerins aux chapelles de lumière pour un temps de recueillement ou de prière.

Allumer une bougie à Lourdes est une tradition qui remonte à Bernadette Soubirous. Le 19 février 1858, la jeune fille se rendit à la grotte de Massabielle pour la première fois avec un cierge. Le 7 avril, mercredi de Pâques, la flamme du cierge qu'elle tenait en main lui lécha les doigts sans les brûler.

Aujourd'hui, face à la grotte, la flamme des bougies prolonge la prière de millions de pèlerins qui confient leurs intentions à Marie. En 2018, les chapelles de lumière – auparavant situées près des piscines et des robinets d'eau bénite – ont été déplacées de l'autre côté du Gave, dans un lieu au calme propice à une démarche de recueillement. « Le National a profité de ces chapelles de lumière pour en faire un lieu d'écoute », explique Sébastien Antoni, le directeur du Pèlerinage national. « Nous avons ainsi créé le service de la lumière. » Des hospitaliers y proposent aux passants et aux pèlerins un moment pour se recueillir et prier ensemble. « Notre mission est un service pastoral », précise Claire de Verneuil, la responsable du service. Car si allumer un cierge est « une activité très recommandée sur Google ou Tripadvisor, s'amuse-t-elle, le rôle des hospitaliers est d'accueillir, d'écouter et de transmettre l'espérance dans l'épreuve traversée ». « Les personnes viennent avec des histoires ou des situations difficiles, poursuit Sébastien Antoni. Elles ont parfois besoin d'être guidées et accompagnées dans leur temps de prière. »

Un pèlerin allume un cierge dans un brûloir du sanctuaire de Lourdes.

© Jean-Marc Barrere / Hans Lucas.

En 2022, Claire de Verneuil a été touchée par le flux de passants repartant seuls. Avec deux amies retraitées, elle a créé le service de la lumière qui prend de l'ampleur d'année en année. Aujourd'hui, quinze hospitaliers se relaient pendant les horaires de présence. « C'est très émouvant, le matin, de voir tous les cierges allumés dans les chapelles », confie Sophie de Compiègne, l'une des hospitalières. « Les personnes nous confient leurs intentions de façon incroyable. » Elle se souvient particulièrement de cette femme atteinte d'un cancer : « Après un temps de recueillement ensemble, elle m'a confié que cela faisait deux ans qu'elle cherchait quelqu'un avec qui prier. » •••

••• De telles rencontres, les hospitaliers du service de la lumière en vivent chaque jour, comme avec ces deux garçons d'une dizaine d'années « voulant déposer un cierge pour le frère de l'un des deux atteint d'une leucémie, et pour son voisin de chambre à l'hôpital », raconte Claire. Ou encore avec cet homme dont la petite fille était atteinte d'un cancer. « Il lui avait promis que le jour de son anniversaire, il irait déposer un cierge pour elle à Lourdes. Le jour J, il a fait l'aller-retour depuis l'Amérique du Sud pour honorer sa promesse. »

Au moment de se quitter, Claire, Sophie et les autres offrent une petite image cartonnée sur laquelle est inscrite une prière dont les premiers mots disent : « Seigneur Jésus, Lumière du monde, comme Bernadette à Lourdes, je me présente devant toi aujourd'hui, avec ce cierge. » Face à la grotte, la flamme des bougies n'a pas fini de faire monter la prière des pèlerins. ■

« Venez ici en procession »

Cette année, le Pèlerinage national de Lourdes a lieu du 12 au 16 août, au moment de l'Assomption. Le thème de ce 151e pèlerinage est « Venez ici en procession ».
La nouveauté de 2024 est la création du service de la chorale pour enfants. Le chœur appelé « Les petits chanteurs du National », animera plusieurs temps de prière lors de ces quatre jours.

Informations communiquées sous réserve de modifications. Renseignez-vous avant de vous rendre aux endroits indiqués.

LE JOUR DU SEIGNEUR – FRANCE 2 (11 heures)

4/8 Chapelle de la Fondation Eugène Napoléon, Paris (XIIe).
Prédicateur : Fr. Marc-Antoine Bêchétoille, dominicain.

11/8 Chapelle de la Fondation Eugène Napoléon, Paris (XIIe).
Prédicateur : P. Frédéric Ozanne, prêtre de la Mission de France.

15/8 Sanctuaire Notre-Dame de Fresneau, Marsanne (26).
Prédicateur : Fr. Franck Dubois, dominicain.

18/8 Église Saint-Nicolas, Le Rœulx (Belgique).
Prédicateur : *information non communiquée.*

25/8 Abbaye Saint-Jean d'Orbestier, Les Sables-d'Olonne (85).
Prédicateur : P. Vincent Cabanac, assomptionniste.

FRANCE CULTURE (10 h 05)

4/8 Chapelle Notre-Dame de la Médaille miraculeuse, Paris (VIIe).
Prédicateur : Mgr Bernard Podvin.

11/8 Chapelle Notre-Dame de la Médaille miraculeuse, Paris (VIIe).
Prédicateur : P. Bertrand Monnard.

15/8 Église Notre-Dame de l'Assomption, Malicorne (89).
Prédicateur : P. François Campagnac.

18/8 Chapelle Notre-Dame de la Médaille miraculeuse, Paris (VIIe).
Prédicateur : Fr. Gabriel Nissim, dominicain.

25/8 Chapelle Notre-Dame de la Médaille miraculeuse, Paris (VIIe).
Prédicateur : P. Jean-Baptiste Edart.

LIVRES

Christian Bobin, poète de la joie

Christophe Henning
Nouvelle Cité, 128 p.

La collection « Prier 15 jours » s'enrichit d'un parcours puisé dans les œuvres de l'écrivain Christian Bobin, décédé à 71 ans en 2022. Le journaliste Christophe Henning accède à la source joyeuse d'un poète sensible à tout ce qui donne sens à l'existence. Mieux connu du grand public après son évocation de saint François dans *Le Très bas,* Christian Bobin inspire une prière fervente, de celle qui a traversé bien des épreuves.

Marie tendresse des pauvres

Maurice Zundel
Le passeur éditeur, 152 p.

Maurice Zundel (1897-1975), prêtre suisse, a marqué nombre de croyants par ses livres, ses prédications et enseignements. Dans ce volume, Marc Donzé introduit une nouvelle sélection de textes que le théologien a consacrés à la Vierge Marie. Zundel ne cessera de parler de Marie avec ferveur et pudeur sous l'angle d'un culte marial centré vers le Christ. Ce recueil permet de faire le récit de son expérience avec la Mère de Jésus.

Sur les traces de l'archange Michel

Le Monde de la Bible,
n° 249, Bayard, 122 p.

Histoire, art, archéologie, voyage, le trimestriel ne cesse d'explorer pour un large public le monde foisonnant de la Bible. Tout un monde qui se déploie en textes et en images dans une nouvelle formule réussie. Avec une grande enquête sur les traces de Michel, le prince des anges, prié dans de nombreux sites : de l'Irlande au mont Carmel (Israël), en passant par le Mont-Saint-Michel. Une riche histoire qui se poursuit. ■ **Robert Migliorini**

Reliquaire du lait de la Vierge, Atelier d'Oignies (vers 1240-1250).

EXPOSITION

Merveilleux Trésor d'Oignies : éclats du XIIIe siècle

Reconnu depuis 1978 comme l'une des sept merveilles de Belgique, le Trésor d'Oignies est exposé au musée de Cluny, à Paris. Son histoire est associée à celle du prieuré Saint-Nicolas d'Oignies (près de Namur), une communauté de chanoines augustins fondée à la fin du XIIe siècle, et à trois figures de l'époque : la mystique Marie d'Oignies, source du pèlerinage, le prélat Jacques de Vitry, commanditaire des œuvres et l'atelier de l'orfèvre Hugo de Walcourt. Le trésor est principalement composé de reliquaires, dont une étonnante colombe ciselée, contenant le lait de la Vierge. ■

Hélène Roquejoffre, *Le Monde de la Bible*

Jusqu'au 20 octobre 2024 – Musée de Cluny, musée national du Moyen Âge, 28, rue du Sommerard 75005 Paris – www.musee-moyenage.fr

NOS ACTUS

Pèlerinage national Lourdes 2024

Du 12 au 16 août se tient le Pèlerinage national à Lourdes avec pour thème « Venez ici en procession ». À cette occasion, *Prions en Église* propose de vivre une expérience immersive d'écoute de la Bible et des ateliers autour de la prière du Rosaire. *Prions en Église Junior,* en lien avec la pastorale des familles, animera un atelier sur la prière en famille. Vous pouvez aussi rencontrer notre équipe qui tient un stand. ■ **Amandine Boivin**

Renseignements et inscriptions sur : www.pelerinage-national.org

CD

La Bible des écrivains
Les grands chants
Noam Morgensztern
Bayard
Sur une musique électro, Noam Morgensztern (de la Comédie-Française) interprète cinq des grands livres de la Bible : Psaumes, Proverbes, Cantique des Cantiques, Sagesse et Siracide dans la version de la Bible des écrivains (Bayard). Onze heures d'écoute accessibles sur une clé USB.

Heinrich Schütz
Da Pacem
Ricercar Consort, direction Philippe Pierlot, Mirare
Dans le contexte de la guerre de Trente Ans (1618-1648), Schütz a mis en musique différentes prières qui évoquaient le désir d'une paix juste et durable de ses auditeurs qui « vivaient dans la crainte et les dangers de la guerre ». Des œuvres qui gardent aujourd'hui tout leur sens. ■

Dominique Pierre

NUMÉRIQUE

« À ma bien-aimée »
Découvrez le grand poème d'amour, le Cantique des Cantiques, dans une nouvelle saison de la série *La Bible à l'oreille* sur l'application *Prions en Église*. Ce texte, parfois cru, révèle sans détour la puissance de l'amour entre deux amants, sans retenue, parfois de manière audacieuse… Redécouvrez, grâce à ce texte daté traditionnellement du XIe siècle av. J.-C., l'expression poétique de la passion que Dieu voue à l'humanité ! ■

Sébastien Antoni

Sur Google Play et l'Appstore

Informations communiquées sous réserve de modifications.

Grand Nord-Ouest

BELLE-ÎLE-EN-MER (56)

DU DIMANCHE 4 AU SAMEDI 10

Session

Théologie à la plage, pour les 20-30 ans : « La vérité vous rendra libres » (Jn 8, 32), pour comprendre l'articulation entre la grâce et la liberté humaine. Organisée par Jubilatio Jeunesse dominicaine et ThéoDom.
jubilatio.jeunessedominicaine@gmail.com
jubilatio-jeunesse-dominicaine.fr

ÉPERNON (28)

DU LUNDI 5 AU MERCREDI 14

Retraite

Retraite Choix de vie ou retraite à durée choisie, accompagnée par l'équipe du prieuré Saint-Thomas.
02 37 83 60 01
reservation@prieure-saint-thomas.fr

SAINT-CYR-SUR-LOIRE (37)

DU DIMANCHE 18 AU SAMEDI 24

Retraite ignatienne

« Soyons prêts à rendre compte de l'espérance qui est en nous. » Une semaine d'enseignements à partir de la parole de Dieu, en s'aidant de la progression des *Exercices spirituels* de saint Ignace. Retraite animée par Hervé Pierre Guillot, jésuite, au centre spirituel La Maison de prière.
02 47 88 46 00
su.mdp@ste-ursule.org
ursule-tours.cef.fr

SAINT-BENOÎT-SUR-LOIRE (45)

DU VENDREDI 23 AU LUNDI 26

Session

« Enseignants-parents une relation gagnante possible ? » Session pour les enseignants en activité, organisée par l'association Chrétiens dans l'enseignement public, à l'abbaye de Fleury.
01 43 35 28 50
secretariat@cdep-asso.org
www.cdep-asso.org

Grand Nord-Est

CONDETTE (62)

DU DIMANCHE 4 AU SAMEDI 10

Retraite

« Remplissez, puisez, portez… » (Jn 2, 7-8). Trois verbes que le **…**

… Seigneur emploie à l'adresse de ses serviteurs. À la maison diocésaine Les Tourelles, avec le père Vincent Leclercq, religieux assomptionniste et collaborateur de *Prions en Église*.
03 21 83 71 42
maisondiocesainelestourelles@arras.catholique.fr
www.les-tourelles-de-condette.fr

MONTFERRAND-LE-CHÂTEAU (25)

DU DIMANCHE 18 AU SAMEDI 24

Retraite
« Si quelqu'un a soif, qu'il vienne à moi, et qu'il boive, celui qui croit en moi ! De son cœur couleront des fleuves d'eau vive. » (cf. Jn 7, 37-38). Exercices spirituels de saint Ignace, accompagnés par le père Daniel Sonveaux, jésuite, et une équipe, au foyer Sainte-Anne.
03 81 56 51 38
accueil.fsa@gmail.com

GUEBERSCHWIHR (68)

SAMEDI 24

Journée
« L'espérance chrétienne à la lumière du livre de l'Apocalypse et de la lectio divina », avec sœur Sophie Moog. À la maison d'accueil Thérèse d'Avila du couvent Saint-Marc.
03 89 49 22 98
aimonJesus@outlook.com

Grand Sud-Ouest

BORDEAUX (33)

DU JEUDI 1ER AU JEUDI 15

Retraite itinérante
De Bordeaux à Lourdes, sur le thème « Voici la servante du Seigneur », accompagnée par le père Robert Witwicki, marianiste, et par le père Renaud-Nelson Ahouandjinou. Plusieurs parcours : Bordeaux-Lourdes à pied (1er au 15 août) ; Maylis-Lourdes à pied (7 au 15 août).
07 80 16 83 95
assopelim@gmail.com
www.pelerinagesbordeaux.fr

BASSAC (16)

DU MERCREDI 21 AU DIMANCHE 25

Vacances spi
Quelques jours à l'abbaye de Bassac pour prendre soin de sa famille avant la rentrée. Enseignements, partage et détente. Temps pour les enfants et les ados.

Formule logement
ou sous tente, au choix.
06 81 88 15 11
communaute@abbaye-de-bassac.com
www.abbaye-de-bassac.com

Grand Sud-Est

LÉONCEL (26)
DU DIMANCHE 11 AU SAMEDI 17
Marche et prière
« Ceux qui suivent le Chemin » (Ac 22, 4), avec Blandine Paponaud. Prendre le temps de contempler la nature, se laisser saisir par la parole de Dieu, exprimer sa foi dans la prière. Méditation biblique sur les chemins de Jéricho, Jérusalem, Damas, tout en sillonnant ceux du Vercors.
sthugues.leoncel@gmail.com
abbaye-leoncel-vercors.com •••

ZOOM

FESTIVAL CHRIST EN SCÈNE

Entre 1 000 et 1 500 personnes sont attendues les 23 et 24 août pour le festival de musique Christ en Scène, au Domaine de la Brosse, à Ville-Saint-Jacques (77). L'évènement accueille un large public, de tout âge, chrétien ou non. Christ en Scène est né en 2023 du « souhait d'évangéliser et de redynamiser nos campagnes » et de montrer aux jeunes une « Église dynamique », explique Anne-Laure de Vigneral, organisatrice du festival avec son mari. Parmi les artistes qui se produiront sur scène : Grégory Turpin, Be Witness, Les Guetteurs ou encore sœur Agathe.
En plus des concerts, le festival propose des activités dans un « village famille » – avec par exemple un conte musical proposé par Jean-François Kieffer – et dans un « village artisan ». Espaces de partage et de témoignages, accueil assuré par un prêtre ou un pasteur, activités manuelles et spi…, « chaque tranche d'âge trouve sa place ». Le dimanche 25 août, une messe présidée par l'évêque de Meaux conclura le festival. ■

www.christenscene.fr

Marthe Lesparre

... ROQUEFORT-LES-PINS (06)
DU LUNDI 12 AU DIMANCHE 18
Retraite
« Accéder au silence intérieur », animée par sœur Emmanuelle Billoteau, collaboratrice de *Prions en Église* au Foyer de Charité de Roquefort-les-Pins.
04 92 60 30 00
accueil@foyercotedazur.com
www.foyercotedazur.com

PLAN-D'AUPS (83)
DU MERCREDI 21 AU SAMEDI 24
Université d'été
« Travail, propriété privée, échanges croissance : faut-il tout renverser ? » L'édition 2024 de l'Université d'été de la Sainte-Baume entame une réflexion autour de la valeur travail et de la notion de propriété.
accueil@saintebaume.org
www.saintebaume.org

FRANCHEVILLE (69)
DU MERCREDI 21 AU DIMANCHE 25
Festival Famille
« Osons l'espérance », organisé par les jésuites, en partenariat avec le Mouvement eucharistique des jeunes (Mej), à l'écocentre du Châtelard. Pour toutes les familles avec des enfants ou des adolescents.
familles@jesuites.com
www.jesuites.com/osons-lesperance-festival-familles

Île-de-France

PARIS
DU VENDREDI 30 AOÛT AU DIMANCHE 1ER SEPTEMBRE
Santos festival
Faire de la rentrée un nouveau départ. Trois jours pour les 25-35 ans à Montmartre, avec des conférences, de la musique, un banquet, du sport, des services…
santos.cef.fr/festival

ENVOYEZ VOS RENDEZ-VOUS À L'AGENDA DE PRIONS EN ÉGLISE : Merci d'envoyer les informations nécessaires 3 mois avant l'événement, sans engagement de publication par la rédaction, à : *Prions en Église*, Agenda, 18 rue Barbès, 92120 Montrouge, ou par e-mail : *prionseneglise@groupebayard.com*

PrionsenÉglise 18, rue Barbès,
ww.prionseneglise.fr 92128 Montrouge Cedex.

POUR CONTACTER LE SERVICE CLIENT : 01 74 31 15 01 – service.client@groupebayard.com
(Préciser : nom + adresse postale + « concerne Prions en Église ».)

POUR VOUS ABONNER : 01 74 31 15 01 – www.librairie-bayard.com
Bayard, Prions en Église, TSA 60007, 59714 Lille Cedex 9

POUR CONTACTER LA RÉDACTION : prionseneglise@groupebayard.com

ecteur de la publication : Pascal Ruffenach. Directeur du secteur et directeur des rédactions : Jean-Pierre Denis. daction : Karem Bustica (rédactrice en chef), Dominique Pierre (rédacteur en chef délégué), Pomme Mignon dactrice en chef adjointe visuel, directrice artistique), Frédéric Pascal (rédacteur en chef adjoint), Armelle Gabriel sistante), Nicolas Crouzier (secrétaire général de la rédaction), Jean-Baptiste Deau, Cécile Toussaint (1ers secrétaires rédaction), Laurent Sangpo, Pascal Redoutey (rédacteurs graphistes), Ania Biszewska (rédactrice photo), Sébastien toni (chef de grande rubrique), Anne-Quitterie Jozeau (rédactrice). Ont participé : Michèle Clavier, Thibault Van Den esscche. Marketing éditeur et développement : Amandine Boivin. Marketing diffusion et abonnement : Aurore Bertrand ectrice), Sandrine Dos Santos (chef de marché). Directeur des terrains catholiques : Cédric Bloquet. Voyages lecteurs : nne Miguel. Contrôle de gestion : Tonnumy Ai. Fabrication : Grégory Cervantes. Impression : Maury SAS, Z.I. Route ampes, 45330 Malesherbes. Textes liturgiques : © AELF. Chants : © Éditeurs. © Bayard et Novalis. Reproduction rdite sans autorisation. *Prions en Église* est édité par Bayard, société anonyme à Directoire et Conseil de Surveillance capital de 16 500 000 €. Actionnaires : Augustins de l'Assomption (93,7 % du capital), SA Saint-Loup, Association re-Dame de Salut. Directoire : Pascal Ruffenach (président), Dominique Greiner, Florence Guémy et Jean-Marie ntel (directeurs généraux). Président du Conseil de Surveillance : Hubert Chicou. Dépot légal à parution. PAP : 0425K86471 - ISSN : 0383-8285. Belgique et Luxembourg : Bayard Presse Bénélux, Da Vincilaan, 1 – 1930 entem. Tél. : 0800 250 38 (de Belgique, gratuit) ou 800 29 195 (du Luxembourg). Web marché chrétien : librairie-yard.com. Suisse : Asendia Press Edigroup SA, Chemin du Château-Bloch 10, 1219 Le Lignon. Tél. : 00 41 22 860 84 02. il : abobayard@edigroup.ch

numéro comporte :
r la totalité de la diffusion : cart posé "Bayard" offre bonnement ; encart jeté ayard" offre d'abonnement. r une partie de la diffusion : ance posée "Bayard" offre bonnement.

PEFC 10-31-1282
Certifié PEFC
Ce produit est issu de forêts gérées durablement et de sources contrôlées.
pefc-france.org

IMPRIM'VERT

***Prions en Église* agit pour l'environnement**
Origine du papier : Suède. Taux de fibres recyclées : 0 %. Origine des fibres : papier issu de forêts gérées durablement. Impact sur l'eau : PTOT 0,005 kg/T

FR

Bulletin d'abonnement

GRELHS0125

☐ OUI, je m'abonne à *Prions en Église*

ÉDITION POCHE (13 x 11,9 cm) - PRI

- ☐ **1 an** (12 n^os) .... **45 €**
- ☐ **2 ans** (24 n^os) .... **80 €**
- ☐ **Étudiant** 1 an .... **29,95 €***

ÉDITION GRAND FORMAT (16 x 14,6 cm) - PRI

- ☐ **1 an** (12 n^os) .... **52 €**
- ☐ **2 ans** (24 n^os) .... **90 €**

+ EN CADEAU : **le hors-série *Noël 2024***

PAR COURRIER Renvoyez ce bulletin accompagné de votre chèque payable en France libellé à l'ordre de « Bayard » à l'adresse suivante : **Bayard - TSA 40020 - 93539 Aubervilliers CEDEX**

PAR INTERNET sur **librairie-bayard.com/abopri** (paiement 100 % sécurisé)

COORDONNÉES ☐ Mme ☐ M. Prénom

Nom A177466

Complément d'adresse (résid./Esc./Bât.)

N° et voie (rue/Av./Bd...)

Code postal Ville

Pays Date de naissance J J M M A A A A

Tél. E-mail

☐ J'accepte de recevoir les informations de Bayard par SMS

Pour recevoir la confirmation de votre abonnement et notre newsletter quotidienne, et correspondre avec vous par courriel

RENSEIGNEMENTS POUR LES ABONNEMENTS HORS FRANCE MÉTROPOLITAINE

		DOM-TOM & UE	AUTRES PAYS	BELGIQUE	SUISSE
Téléphone		(33) 174 311 501		0800/250 38**	(022) 860 84 02
POCHE	1 an	48 €	54 €	Renseignez-vous sur les tarifs et abonnez-vous par téléphone	
	2 ans	86 €	98 €		
GRAND FORMAT	1 an	55 €	61 €		
	2 ans	96 €	108 €		

*Uniquement en France métropolitaine. Cette offre ne contient pas de cadeau. Joindre une photocopie de la carte d'étudiant.

**Appel gratuit

Offre valable jusqu'au 30/04/2025 pour tout 1er abonnement. Si vous vous abonnez au-delà du 22/11/2024, alors vous recevrez le hors-série *Pâques 2025* au lieu du hors-série *Noël 2024*. Visuels non contractuels. Bayard s'engage à la réception du 1er numéro dans un délai de 4 semaines au maximum après enregistrement du règlement. Vous disposez d'un délai de 14 jours à compter de la réception du 1er numéro de votre magazine pour exercer votre droit de rétractation en notifiant clairement votre décision à notre service client. Vous pouvez également utiliser le modèle de formulaire de rétractation accessible dans nos CGV. Nous vous rembourserons dans les conditions prévues dans nos CGV sur : https://librairie-bayard.com/cgv. Ces informations sont destinées au groupe Bayard, auquel *Prions en Église* appartient. Elles sont enregistrées dans notre fichier à des fins de traitement de votre abonnement. Conformément à la loi « Informatique et Libertés » du 06/01/1978 modifiée et au RGPD du 27/04/2016, elles peuvent donner lieu à l'exercice du droit d'accès, de rectification, d'effacement, d'opposition, à la portabilité des données et à la limitation des traitements ainsi qu'à connaître le sort des données après la mort. Votre adresse mail sera utilisée pour vous envoyer les newsletters que vous avez demandées ou dont vous bénéficiez en tant que client. Vos coordonnées postales et téléphoniques pourront être utilisées à des fins de prospection commerciale par Bayard. Votre nom associé à vos coordonnées postales et téléphoniques sont susceptibles d'être transmises à nos partenaires (éditeurs, associations, VPC...). Vous pouvez vous opposer à la prospection commerciale en vous connectant à https://www.groupebayard.com/fr/contact ou en envoyant votre demande à : Bayard (CNIL), TSA 10065, 59714 Lille CEDEX 9. Pour plus d'informations, nous vous renvoyons aux dispositions de notre Politique de confidentialité sur le site groupebayard.com. Nous vous informons de l'existence de la liste d'opposition au démarchage téléphonique « Bloctel », sur laquelle vous pouvez vous inscrire ici : https://www.bloctel.gouv.fr